原^원^理^리^로 배우는 實用漢字

실 용 한 자

김 문 · 문용식 · 조병학 편저

도서출판 진영사

원리로 배우는 실용한자

김문·문용식·조병학 편저

2007년 8월 20일 초판인쇄
2011년 2월 25일 초판4쇄발행

발행인 ‖ 박진영
발행처 ‖ 도서출판 진영사
인천시 부평구 삼산동 200-2 대림하이츠빌라 301-401
Tel. 032-505-4207
Fax. 032-505-4206
e-mail : 0183734207@hanmail.net

ISBN 978-89-959254-4-7 03640

들어가면서

학교성적이 상위권에 있는 일본의 고등학생들을 조사한 결과 대부분이 어려서 千字文을 터득한 아이였다는 것을 일본인 교육학자 石井勳(이시이 이사오)는 그의 책 『한자교육혁명』(申採湜 편저, 도서출판 두뇌개발 刊)에서 밝히고 있다. 어려서 한자를 깨우친 아이는 어휘력의 증가로 인해 혼자서 독서하며 이해할 수 있는 능력이 생긴다고 한다. 독서량을 늘리는 일은 살아가는데 있어 매우 중요하게 작용한다.

성적을 위해서라기보다도 한자는 우리의 정체성을 찾기 위해서도 필요하다. 우리나라를 비롯해 중국과 일본 등 동아시아 3국의 고전과 문헌은 대부분의 어휘가 한자어에서 파생된 것이다. 우리나라에서는 15세기 세종대왕이 한글을 창제하기 전까지의 모든 기록은 한자를 통하였다. 또 한글이 만들어졌다고 해도 조선왕조의 공식적인 기록문자는 한자였고, 선비들의 편지와 문학 작품 역시 한문으로 이루어졌다. 그러니 조선시대까지 우리 선조들의 지식기반은 모두 한자어에 의지할 수밖에 없었다. 그런 면에서 한자와 한문은 실용적인 측면 외에 도구적인 측면에서 보는 것이 옳다. 우리의 찬란한 문화와 전통을 이해하고 발전시키기 위해서는 그 무엇보다도 한자, 한문의 역할이 중요하다. 곧 우리 문화의 원형과 전통문화의 정신적 가치를 계승하기 위해서는 한문이 필수적인 요건이 되는 것이다. 한자, 한문은 실생활의 실용성에 대한 논쟁을 멈추고 우리 민족의 유구한 역사적 문화와 전통을 계승 발전시키려는 자세에서 접근할 때만이 올바른 위상을 정립할 수 있다. 한문은 동아시아 중세 공용 문자(文字)로 사용되었으며, 동아시아 3국은 고유의 언어(言語)를 사용하면서 공통의 문자인 漢文을 사용하여왔다.

또 한편, 1992년 중국과의 수교 이래 한・중간의 인적・물적 교류는 계속해서

확대되고 있다. 중국의 경제 성장과 규모는 향후 30년 내에 세계 최대가 될 것으로 예측하고 있다. 괴물과도 같은 거대 중국의 성장은 우리에게 위협이 될 수도 있지만 또한 기회임에 틀림없다. 서울의 모 대학에서는 향후 10년 내에 중국전문가를 양성한다는 신'10만 양병설'이란 계획을 추진 중에 있다고 한다. 이들은 중국 현지와 한국에서 수업을 한 후 졸업 후에는 중국 현지의 각 부문에 참여하여 중추적인 역할을 할 것이다.

이렇듯 모든 부문에서 향후 중국어와 한자 등 중국학에 대한 필요성은 점차 확대되리라는 것은 명약관화하다. 이러한 시점에 한・중・일 동아시아문화를 접할 수 있는 기본소양으로서 한문교육의 필요성은 시대의 흐름에 부합된다.

나는 강단에 선 20여년 줄곧 한적(漢籍) 자료를 보아왔다. 하지만 공부한 것과 그것을 학생들에게 쉽고 재미있게 가르친다는 것은 쉬운 일이 아님을 절감한다.

수업에서 무엇보다 중요한 것은 교수-학생간의 상호 교감이다. '어떻게 하면 가장 효과적인 수업성과를 내며 목표에 도달 할 수 있을까?' 하는 궁리 끝에 여러 번의 시행착오와 궤도수정을 통해서 생각해 낸 것이 부수(部首) 강의법이다. 한자의 생성 원리를 보면 회의(會意)와 형성(形聲)이 80%를 차지한다. 형성은 한쪽은 뜻, 다른 한쪽은 음을 나타내는 형태로 뜻을 나타내는 부분은 대부분 사물의 모양을 형상화 한 것이다.

예를 들어 示(신에게 제사 드리는 제단을 본뜬 모양)가 들어가는 한자(神, 祭祀, 福, 禍, 社稷, 祖上)는 대부분 귀신, 제사, 복, 화(재앙) 등과 관련이 많고, 물고기 모양을 형상화한 魚자가 들어가는 한자는 거의 물고기와 관련이 있으며, 木(나무 목)자는 나무와 관련이 있다. 칠판에 里, 秋, 京, 曼 자를 써 놓고 학생들에게 읽어 보라면 대부분의 학생들은 읽을 수 있다. 그리고 앞에다 魚자를 붙여보면 음은 그대로 이지만 뜻만 잉어 리(鯉), 미꾸라지 추(鰍), 고래 경(鯨), 뱀장어 만(鰻)으로 모두 물고기와 관련된다는 것을 안다. 쇠 금(金)이 들어가는 금(金), 은(銀), 동(銅), 솥 부(釜) 등은 모두 쇠붙이와 관계있다. 그래서 다리 교(橋)자는 나무로 만든 다리를 말하지만 지금은 대부분 쇠로 만들기 때문에 쇠다리 교(金+喬)로 써야 한다고 주장할 수 있는 데로 발전할 수 있다.

이렇듯 학생들이 이미 읽을 수 있는 간단한 한자에다 부수를 이해하면서 익히는 한자 공부 방법이 내가 그동안 학생들과 한자 공부를 하면서 깨달은 가장 좋은 방법이다. 선생의 역할은 부수가 만들어지게 된 배경을 이해하기 쉽게 설명해주는 일이다. 이해를 돕기 위해 관련 한자를 예로 써 주고 관련 이야기를 통해 개개인에게 각인이 되도록 돕는 것뿐이다. 나머지 읽고 쓰는 연습을 통해 익히는 것은 학생의 몫이며 선생은 과제를 통해서 확인한다. 이런 식으로 한 학기(강의 12주) 수업에서 214개의 부수를 익히고 관련 한자를 익힌다면 누구나 괄목 할 만큼 제반 학습능력의 신장을 느낄 수 있을 것으로 기대한다.

이 책은 이러한 취지에서 가천의과학대학교 교양한자 수업을 담당하는 김문(金文) 교수, 문용식(文勇植) 교수와 함께 만들었다. 모두 6단원으로 나누었는데, 1장에서는 한자의 생성원리를, 2장과 3장은 반드시 우리가 알아야 할 한자 300여 字와 그와 관련된 연습字 1천 여 字를 『설문해자(說文解字)』를 참고하여 수록하였다. 4장에서는 130여 개의 성어(成語)를, 5장은 인간의 마음을 밝혀주는 귀한 성현의 말씀인 『명심보감(明心寶鑑)』을 수록하고 마지막 6장에서는 현재 중국에서 사용하는 간체자(簡体字) 180여 字를 선별하여 소개하였다.

나는 우리 학생들이 이 책을 통해 최대공약수와도 같은 부수를 통한 여러 파생 한자(1,800자)를 익히는 데 주력해서 한 학기 한문 수업을 마치면 목표로 하는 국가공인한자능력시험을 통과하고, 우리의 옛 문헌과 중국문헌을 읽고 이해할 수 있는 수준에 이를 수 있기를 진심으로 바란다.

2007. 8. 24. 연수동 연구실에서

차 례

제1장

한자의 원리와 변천과정

第一章

한자의 원리와 변천과정

1 한자가 만들어진 원리(六書육서)

대체로 한자의 기원은 동한시대(AD121) 허신(許愼)에 의해 쓰여진 『설문해자(說文解字)』에서 그 근거를 찾았다. 이 책은 최고의 한자 해석서로 한자의 기원을 "황제(黃帝)의 사관(史官)인 창힐(倉頡)이 새와 짐승의 발자국을 보고 그 갈라진 모양으로 새와 짐승의 종류를 구분할 수 있었다. 이를 근거로 문자를 만들어 백관을 다스리고 만물을 관찰하였다." 또, "창힐이 처음 문자를 만들 때는 사물의 종류별로 그 형태를 본떳을 것이다(의류상형依類象形)."라고 했다.

이러한 한자의 창힐조자설(倉頡造字說)은 기원전 3세기 경에 쓰여진 여러 책들에서 소개되어 정설로 여겨졌다. 하지만 현재의 체계적이고 과학적인 연구를 통해 한자는 어느 한 개인에 의해서가 아니라 오랜 세월에 걸쳐 수많은 사람들에 의해 만들어지고 사용되어 왔다는 사실이 밝혀지고 있다.

한자는 가장 대표적인 상형문자로 그 역사적 과정에 대략적인 원리가 있다. 우선 그림 전체로써 정보나 의미를 기록하고 전달하는 단계(象形, 指

事)이다. 하지만 이 단계의 원리만으로 언어의 발전과 변화를 감당하지 못하여 그림의 모양과 뜻이 일정한 관계를 갖는 도화문자(圖畵文字 : 會意, 形聲) 단계에 이르렀고 이 단계의 문자가 한자의 80%를 차지한다. 이 단계만으로도 역시 문화의 발전을 모두 반영하지 못하자 기존의 문자를 변형한 또 다른 단계(轉注. 假借)가 형성되었다.

이 과정이 바로 한자가 만들어진 원리이며 육서(六書 : 象形, 指事, 會意, 形聲, 轉注, 假借)라고 불리운다.

1) 상형(象形)문자

사물의 모양을 본따 만든 모양문자이다. 이 방식만으로는 한자의 수가 극히 제한적이므로 사물의 명칭, 즉 명사류에 국한된다. 한자의 가장 기본적인 글자로 자형의 구성단위를 더 이상 분해할 수 없는 한자의 부수자를 구성한다.

例 木(목), 大(대), 日(일), 月(월), 目(목), 手(수), 雨(우), 水(수), 火(화), 弓(궁), 車(차), 戈(과), 豕(시), 皿(명), 鳥(조), 羊(양), 牛(우), 女(여) 등

2) 지사(指事)문자

점, 선, 부호등으로 표현되는 상징 문자이다.

例 太(태), 本(본), 一(일), 二(이), 三(삼), 上(상), 下(하) 등

※ 상형과 지사는 그 모양(形)에서 근거했음을 항상 기억한다.

3) 회의(會意)문자

생각이나 개념을 표현하려면 명사만이 아니라 동사, 형용사, 부사 등의 표현방식이 필요하다. 이 때 두 개 이상의 뜻을 모아 놓은 형태란 의미의 회의자가 탄생했다. 즉, 상형(뜻) + 상형(뜻) 의 구조를 갖는다.

例

相(상 ; 木+目 눈으로 나무를 살피다)
明(명 ; 日+月 해와 달이 함께 하니 밝다)
采(채 ; 爪+木 손으로 나무 위를 잡으니 따다)
男(남 ; 田+力 밭에서 힘들이는 사람으로 남자)
好(호 ; 女+子 어머니가 아기를 안고 있으니 좋다)
森(삼 ; 木+木+木 나무가 많으니 빽빽하다)
休(휴 ; 人+木 사람이 나무 아래서 쉬다) 등

4) 형성(形聲)문자

회의문자는 두 가지 서로 다른 뜻의 상형지를 조합하여 완전히 새로운 문자를 만든다. 형성문자는 표현하고자 하는 개념이 있는 상형자와 상형자 중에서 소리를 가진 문자를 가져와 결합하는 방식이 고안된다. 즉 뜻(상형) +음(상형)의 구조를 가지며 대체로 뜻 부분이 부수를 이룬다. 형성자는 한자의 가장 많은 형태이다.

例

江(물 강 ; 水+工, 물이 본뜻이며 工공은 변형된 음이다. 부수는 水)
河(물 하 ; 水+可, 물이 본뜻이며 可가는 변형된 음이다. 부수는 水)
淸(맑을 청 ; 水+靑, 물이 본뜻이며 靑청은 음이다. 부수는 水)
淺(얕을 천 ; 水+戔, 물이 본뜻이며 戔전은 변음. 부수는 水)
※ 즉, 水가 들어간 글자는 대체로 모두 물과 관련된 글자로 인식한다.
錢(돈 전 ; 금이 본뜻이며 戔전은 음. 부수는 金)

筌(통발 전 ; 대나무가 본뜻이며 全전은 음, 부수는 竹)
晩(저물 만 ; 日+免, 날이 본뜻이며 免면은 변형된 음이다. 부수는 日)
晴(개일 청 ; 日+靑, 날이 본뜻이며 靑청이 음이다. 부수는 日)
想(생각 상 ; 心+相, 마음이 본뜻이며 相은 음이다. 부수는 心)
箱(바구니 상 ; 竹+相, 대나무가 본뜻이며 相상은 음. 부수는 竹)
霜(서리 상 ; 雨+相, 비가 본뜻이며 相상은 음. 부수는 雨)
孀(과부 상 ; 女+霜, 여가 본뜻이며 霜상은 음. 부수는 女) 등

회의와 형성자는 두 개의 글자가 합쳐져 표현되는 의미(義)에 근거한다.

5) 전주(轉注)문자

한자의 원래의 뜻을 비슷한 뜻으로 전용(轉用)하는 방법.

惡(악할 악, 싫어할 오)
度(법도 도, 헤아릴 탁)
樂(풍류 악, 즐길 락, 좋아할 요)
說(말씀 설, 유세할 세) 등

6) 가차(假借)문자

그 뜻을 나타내는 문자가 없는 경우에 음이 같은 문자를 빌려와서 그 뜻을 대신 표현하는 것으로 의성어, 의태어. 외국어를 표현할 때 많이 사용한다. 이는 한자를 활용하는 방법이며 새로운 문자를 만들어내는 것은 아니다.

三國志(삼국지 志), 코카콜라(可口可樂), 펩시콜라(百事可樂),
처음처럼(初飮初樂), 에스케이(愛思開), 이마트(易買得),
영국(英國), 미국(美國) 翩翩黃鳥(편편황조) 등

전주와 가차는 주로 그 소리(音)에서 근거한다.

2 한자의 변천과정

한자가 표기된 고고학적 유물과 기록을 통해 한자 기원 및 발전의 역사적 과정을 보면, 한자는 대략 기원전 4, 000년에서 기원전 2, 000년 사이에 만들어지기 시작하여 기원전 1, 600년경에는 그 대략의 형태가 만들어졌고 기원전 1, 300년 경에는 갑골문자라는 완전한 체계의 상형문자를 사용하고 있었다.

1) 갑골문(甲骨文)

갑골문은 거북의 가슴껍질이나 커다란 짐승, 특히 소의 어깨 뼈에 새겨진 문자라는 뜻이다.

갑골문은 1899년 당시 북경의 왕의영(王懿榮)이란 학자에 의해 발견되었다. 한자에 조예가 있던 그가 학질에 걸려 북경 달인당(達仁堂)이란 약국에서 약을 지었는데, 약첩에서 이상한 문자가 새겨진 용골(龍骨) 조각을 보고 출처를 찾으면서 갑골문자는 세상에 알려지게 되었다.

그것은 하남성(河南省) 안양현(安陽縣) 소둔(小屯)이란 마을에서 발견된 것으로, 고대 은(殷)나라의 수도였기에 은허(殷墟)문자라고도 한다.

은나라(기원전 1, 700-1, 100) 시기에는 인간이 모든 것을 신에 의존했던 시기(人依神而行), 즉 무슨 일을 하기 전에 신에게 묻는 절차를 행하였던 시기이다. 이는 거북이나 소의 뼈에 일정한 표시를 하여 그곳에 불을 지지는 방식으로 불이 닿은 곳의 변화를 통해 결과를 얻었으며 대략 모양이

'卜' 형태로 남았다. 그래서 이런 행위를 점(卜)친다고 하였고, 그 결과를 기록해 둔 것이 바로 갑골문자였다.

갑골문은 4, 500여자가 남아 있으나 해독은 아직 1, 500자 정도에 불과하다. 그 특징은, 문자라기보다는 그림문자에 가까우며, 그 그림문자도 다양한 모습으로 표현되고 있다.

銅鐘為漢出土青銅器銘文

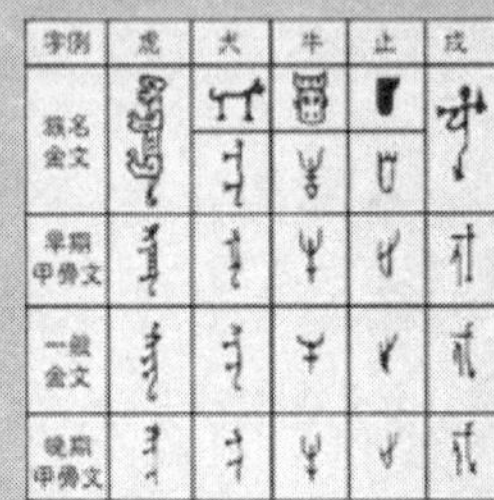

族名金文與甲骨文的比較

2) 금문(金文)

금문이란 청동기에 새겨져 있는 문자이다. 정확히 청동기의 명문(銘文)이다. 고대 중국은 은나라 후기부터 주(周)나라에 걸쳐 동(銅)의 제련술과 동기(銅器) 제조술이 매우 발달하였다. 주나라(기원전 1, 100~221년) 때는 동을 금(金)으로 불렀기 때문에 동기에 새겨진 글자를 금문이라고 부른다.

고대 청동기는 최고급 공예품으로 권력과 권위의 상징으로 만들어졌다. 따라서 그 동기에는 공과 업적 혹은 기억하고 싶은 내용을 기록해 두었다. 이렇게 청동기에 새겨진 금문의 기록은 고대 언어와 문자 연구의 중요한 자료가 되고 있다.

금문의 기본 자형은 갑골문과 비슷하나 먼저 거푸집 새긴 후에 주물을 부어 만들었기 때문에 갑골문자보다 둥글고 통통하다. 시기적으로 뒤에 갈수록 그런 모습이 선의 모습으로 변하면서 전서(篆書)의 모습을 띤다.

3) 전서(篆書)

주 왕조 후기부터 문화가 다양해지면서 문자 사용의 수요도 늘어나고 또한 문자 자체도 도형적인 형태에서 선으로만 된 부호로 바뀌어 갔다.

전서는 주의 선왕(宣王 ; 기원전 827~781년) 때 사관이 대전(大篆)을 만들었다고 하며 춘추전국 시대에 진(秦)나라를 중심으로 널리 사용되었다고 한다. 그 후 전국시대(기원전 403~221년)에 들어 정치적 혼란이 증대하면서 각 나라마다 문자를 변형하여 교류에 큰 어려움이 있었다. 이후 천하를 통일한 진시황이 대전을 모델로 하고 각 국의 변형된 자체를 참고하여 만들어 낸 것이 소전(小篆)이라 하였다.

소전은 완전히 통일된 자형과 선으로만 이루어진 문자로 부수자의 형체가 확정되었고, 각 글자의 획수와 위치가 고정된 모습이다. 따라서 『설문해자』란 책의 규범적 글자체가 되었다.

4) 예서(隷書)

일반적으로 한자학에서는 소전까지를 고문자로, 예서 이후를 근대문자라고 한다. 정치 체제의 안정 이후 일반적 활동이나 행정업무 등에서 표현되는 문자의 수요는 급증하였고 소전만으로는 신속한 처리를 할 수 없었다. 그래서 만들어진 편리한 서체가 바로 예서이다.

예서를 사용한 사람들이 주로 노역형을 담당하는 형리(刑吏)들이었기에 이런 천한 이름이 붙었다고 한다.

5) 해서(楷書)

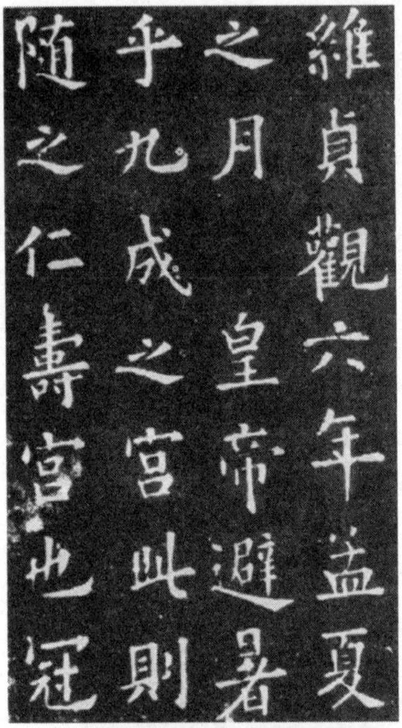

예서는 통일제국 시대인 진과 한나라의 대표적인 서체였으나 동한 말년에 예서에 약간의 변형을 한 새로운 형태의 문자가 쓰여지기 시작했고, 위진(魏晉)시대에는 이 새로운 서체가 완성되었다. 지금까지의 한자 서체 중 가장 단정하고 정형화된 형태이며 서체의 표준이 되면서 해서(楷書 ; 모범이 되는 글)라 불리었다. 이후 1, 800여년 동안 그 형체의 변화가 없이 유지되었다.

6) 행서(行書)와 초서(草書)

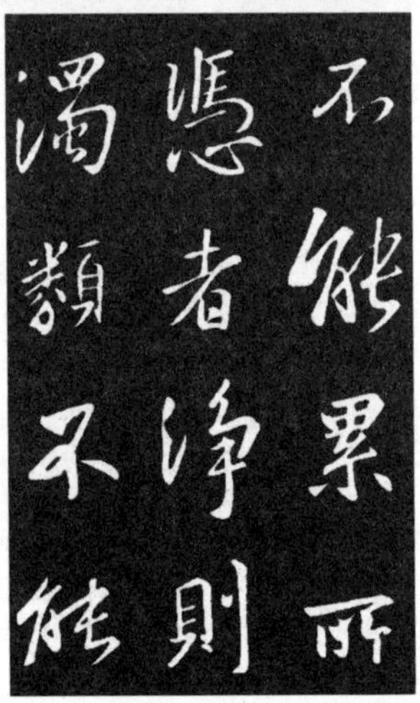

행서는 해서와 초서의 중간적인 서체로, 일종의 흘림체이다. 역사적으로 볼 때 행서는 후한에서 삼국시대의 위나라에 이르는 동안 서체로서 인정받기 시작하여 동진의 왕희지 부자에 이르러 완성되었으며, 이후 지식인들의 일상생활에서 가장 많이 쓰이는 서체로 중요한 위치를 차지했다.

초서는 극도로 흘려서 쓴 서체라는 의미를 갖고 있다. 표의문자의 단점인 서체의 복잡함과 난해함을 해소하기 위한 수단으로 극도로 흘려서 빠르고 간단하게 쓴 서체를 말한다. 규격을 갖춘 서체는 예서로부터 해서로 발전했지만, 글자를 쓸 때 너무 복잡하고 많은 정성이 들어가 쓰는 시간도 꽤 필요한데, 이를 극복하는 과정에서 자연스럽게 간략하게 흘려 쓰는 초서체가 생겨나게 되었다.

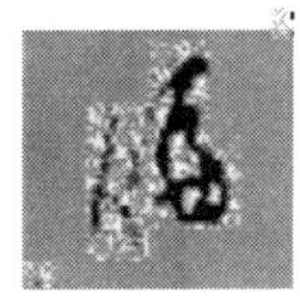

7) 간체자(簡體字)

정확히 말하자면, 한자 전체를 간략화한 것을 간체자, 변이나 방을 간략화한 것을 간화자라고 한다. 중화인민공화국에서는 원래의 전통적인 글자를 번체자라고 하고, 중화민국에서는 정체자라고 부른다.

1956년 「한자간화방안(漢字簡化方案)」이 발표된 후 몇년간의 연구를 거쳐, 1964년 「간화자총표(簡化字總表)」가 발표되었다. 중국대륙과 싱가포르에서 사용되고 있다.

초서의 형태를 참고하였는데, 그 내용은, 변과 방으로 사용되지 않는 간체자, 변과 방으로 사용하는 간체자, 변과 방을 참고한 간화자 1753자(제3표), 총2235자로 이루어져 있다.

※제6장의 간자 사전 참조.

제2장

한자 공부하는 원리

第二章

한자 공부하는 원리

1 부수로 익히기(기본한자)

부 수	호 칭	본 뜻	예
1획			
一	한일	하나, 처음, 기준, 동일	上, 下, 不, 三
丨	뚫을곤	뚫다, 세우다, 통하다	中, 串
丶	불똥주, 점주	구절찍다, 점, 불똥	丸, 主
丿	삐침별	삐침(지사), ㇏(파임)	乃, 久, 乖, 乘, 乒乓
乙(乚)	새을	새, 구부리다	乞. 乳, 亂
亅	갈고리궐	갈고리, 꿰다	争, 事
2획			
二	두이	둘, 하늘과 땅	互, 亞, 五
亠	돼지해머리	머리	亥, 亢, 京
人(亻)	사람인	사람, 백성, 타인, 인격	仇, 仕, 仙, 企, 來, 仁

儿	어진사람인	어진사람, 걷는 모양	兄, 充, 先, 兆, 元
入	들입	들다	內, 全
八	여덟팔	여덟, 등지다, 나누다	公, 六, 兵, 玆, 曾
冂	멀경몸	먼곳, 빌다, 밀다	再, 冒
冖	민갓머리	덮다	冠, 冥,
冫	이수변	얼음, 차다	凍, 冷, 冬
几	안석궤	책상, 제사기구	凰, 凱, 凴
凵	위터진입구	입벌리다, 그릇	凶, 出, 函
刀(刂)	칼도	칼	分, 列, 利, 判, 刻
力	힘력	힘쓰다, 힘	劣, 助, 努, 功, 動
勹	쌀포몸	싸다	旬, 包, 胞, 飽
匕	비수비	비수, 수저, 활촉	化, 匙, 北
匚(匸)	터진입구	상자, 덮다, 감추다	匠, 匣, 匹, 匿
十	열십	열	千, 半, 卒, 協
卜	점복	점치다, 주다	占, 卦,
卩	병부절	무릎마디, 병부, 신표	印, 危, 卷, 卿
厂	민엄호밑	벼랑, 낭떠러지, 굴	厄, 原, 厭
厶	마늘모	나	參, 去
又	또우	또, 다시, 오른손	友, 取, 疊
3획			
口	입구	입, 어귀, 구멍, 말하다	叩, 吟, 呼, 品, 和
囗	큰입구몸	두르다, 둘리다, 나라	回, 困, 國, 園
土	흙토	흙, 땅	均, 坐, 報, 地
士	선비사	선비, 일, 벼슬하는 사람	壯, 壹, 壽,
夂(夊)	뒤처져올치	뒤져서 오다, 천천히 걷다	夏, 後
夕	저녁석	저녁, 황혼, 쏠리다	多, 夜, 夢
大	클대	크다, 넓다, 두루	太, 失, 奇, 爽
女	계집녀	여자, 딸, 음	奶, 妊, 委, 娶
子	아들자	아들, 자식, 맏아들	孕, 孝, 孟, 學

宀	갓머리	집	家, 宇, 室, 宙, 宰
寸	마디촌	마디, 치, 길이	寺, 封, 尉, 尊
小	작을소	적더, 적다, 짧다	少, 尖, 尙
尢	절름발이왕	절름발이, 굽다, 가장(最)	尤, 就, 尬
尸	주검시	주검, 시체, 효시하다	尾, 屛, 展, 層
屮	왼손좌	왼손	屯, 屰
山	뫼산	뫼, 산, 무덤	出, 崇, 嵒, 嶋
巛(川)	개미허리	내	州, 巡, 巢
工	장인공	장인, 교묘하다, 만드는 일	巫, 左, 差
己	몸기	자기, 다스리다	巷, 巻, 巽
巾	수건건	행주, 수건, 헝겁	布, 帆, 希, 帛
干	방패간	방패, 범하다, 막다	平, 幸, 年
幺	작을요	작다, 어리다	幻, 幼, 幾, 幽
广	엄호밑	집	序, 店, 庫, 康
廴	민책받침	조금씩 걷다, 끌다	延. 建, 廷
廾	스무입발	두손으로 받들다, 바치다	弁, 弄, 弊
弋	주살익	주살, 잡다, 사냥하다	式, 弑
弓	활궁	활, 궁술, 길이단위	引, 弱, 弘, 彊
彐(彑)	튼가로왈	고슴도치머리, 돼지머리	彘, 彙, 彝
彡	터럭삼	터럭, 길게자란머리	彩, 形, 彰
彳	두인변	조금 걷다	彷, 徙, 往, 徊, 徑
忄(小)	마음심	마음, 심장, 가슴	忍, 快, 念, 悲, 恭
扌(手)	손수	손, 사람, 힘, 도움	打, 扣, 拘, 按
氵(水)	물수	물, 홍수	江, 河, 海, 洋
犭(犬)	개사슴변	개, 큰개, 하찮은 것	犯, 狂, 狗, 猫
阝(邑)	우부방	고을, 마을, 나라	邦, 郊, 鄕
阝(阜)	좌부변	언덕, 대륙, 크다	防, 陳, 降, 限
4획			
心(忄)	마음심	마음	忍, 快, 念, 悲, 恭

戈	창과	창, 싸움, 전쟁	戝, 武, 戮, 戌
戶	지게호	외짝문, 출입구, 굴	房, 扇, 扉
手(扌)	손수	손, 사람, 힘, 도움	打, 扣, 拘, 按
支	지탱할지	나누다, 가지, 지탱하다	敊, 豉
攴(攵)	둥글월문, 칠복	치다, 채찍질하다	改, 攻, 政, 放
文	글월문	무늬, 채색	斌, 斔
斗	말두	말(용량), 헤아리다	斡, 料, 斜
斤	도끼근	도끼, 자귀, 베다, 근	斷, 斥, 斬, 斧
方	모방	모, 각, 사방, 방향	於, 施, 旅, 旄, 旁, 旋
无	없을무, 이미기	없다	旡, 旣
日	날일	해, 태양, 햇볕, 햇살	旨, 旱, 昆, 明
曰	가로되왈	말하다, 이르다, 물건담는그릇	曳, 更, 曷, 書
月(肉)	달월(육달월)	초승달, 광음	有, 服, 朋, 朔
木	나무목	나무	末, 未, 本, 板, 柯, 架
欠	하품흠	하품, 모자라다, 부족	歐, 歆, 歌, 歎
止	그칠지	발, 멈추다, 머무르다	正, 此, 步, 武
歹	죽을사변	부서진 뼈, 나쁘다	死, 殀, 殃, 殄, 殆
殳	갖은둥글월문	창, 몽둥이, 나무지팡이	般, 殺, 殼
毋	말무	말다, 없다, 금지사(간음)	母, 每, 毒
比	견줄비	견주다, 본뜨다, 따르다	毗, 毖, 毘
毛	털모	털, 가볍다(새의 깃털)	毫, 毬, 毾
氏	각시씨	각시, (물건집는 모습)	民, 氐, 氓
气	기운기밑	기운, 빌다(乞)	氛, 氣
水(氵)	물수	물	江, 河, 海, 洋
火(灬)	불화	불, 타다, 태우다	灼, 災, 煩, 煮, 煎, 照
爪(爫)	손톱조	손톱, 깍지, 메뚜기	爭, 爰, 爲, 爵
父	아비부	아비, 연로한 사람	爸, 爹, 爺
爻	점괘효	점괘, 엇갈리다, 본받다	爽, 爾
爿	장수장변	널조각(牀)	牀, 牆

片	조각편	한쪽, 조각	版, 牌, 牒, 牓
牙	어금니아	어금니, 무기, 깨물다	掌, 狠
牛	소우	소, 무릅쓰다	牝, 牢, 特, 牽, 犁
犬(犭)	개견	개, 하찮은(뒷발로선개)	犯, 狂, 狹, 猛, 猜
王(玉)	구슬옥	임금, 구슬, 美稱	球, 理, 現, 琴
耂(老)	늙을로엄	늙다, 쇠하다, 치사致仕하다	考, 耆, 者
艹(艸)	초두	풀	花, 苦, 茶, 菊, 葛, 葉, 藥
辶(辵)	책받침		近, 返, 迎, 逕, 途, 連, 遁, 遊
5획			
玄	검을현	검다, 멀다, 묘하다, 그윽하다	玆, 率
玉	구슬옥	임금, 구슬, 미칭	瑙, 瑟, 瑗, 瑕
瓜	외과	오이(줄기아래 열매)	瓠, 瓢, 瓣
瓦	기와와	기와, 질그릇, 실패	瓮, 瓶, 瓷, 甄
甘	달감	달다, 맛있다,	甚, 甛
生	날생	태어나다, 살다(땅위의 무)	産, 甥
用	쓸용	쓰다, 등용하다, 행하다	甫, 甬
田	밭전	밭, 구획, 심다	界, 畓, 畏, 留
疋	필필	필, 발(足), 낮은 벼슬	疌, 疏, 疎, 疑
疒	병질엄	병, 앓다(병과 관련된 자)	疫, 病, 疵, 症
癶	필발머리	등지다, 사이가 벌어지다	癸, 登, 發
白	흰백	희다, 새다, (사람머리)	百, 的, 皆, 皇
皮	거죽피	가죽, 껍질, 벗기다	皺, 皷
皿	그릇명	그릇, 그릇덮개	盃, 盆, 盈, 益
目	눈목	눈, 보다, 응시하다	盲, 直, 眠, 眞, 眷, 眼
矛	창모	창, 자루가 긴창	矜, 矞, 矠
矢	화살시	화살, 벌이다, 맹세하다	矣, 知, 矩, 短, 矮
石	돌석	돌, 비석, (바위 아랫 돌)	砂, 砦, 砲, 碎, 碑, 碍
示(礻)	보일시	보이다, 알리다(생식기, 神)	祠, 祕, 神, 祖
禸	자귀유	발자국(짐승)	禹, 禽

禾	벼화	벼, 곡식	科, 秋, 秒, 秘
穴	구멍혈	구멍, 구덩이, 뚫다, 동굴	空, 突, 穿, 窓, 窟, 窮
立	설립	(사람)서다, 정해지다	站, 竟, 章, 童
罒(网)	그물망	그물	罕, 罪, 置, 罰, 罷, 罵, 羅, 羈
衤(衣)	옷의	옷	袒, 袖, 衫, 袍, 被
6획			
竹	대죽	대나무	符, 笛, 第, 筆, 筒, 筮
米	쌀미	쌀, 껍질벗긴 조, 수수	粉, 粒, 粘, 粗, 粟, 粥
糸	실사	가는 실, 적다, 실	絲, 絶, 統, 網, 維, 綱, 綿
缶	장군부	물 담는 그릇(술잔)	缸, 缺, 罃, 罍
网(罒)	그물망	그물	罕, 罪, 置, 罰, 罷, 罵, 羅, 羈
羊	양양	양, 상서롭다, 배회하다	羌, 美, 羔, 羞
羽	깃우	깃털, 날개, 새	翁, 習, 翌, 翊
老(耂)	늙을로	늙다, 쇠하다, 치사致仕하다	考, 耆, 者
而	말이을이	말이을(수염난 모습)	耐
耒	쟁기뢰	쟁기, 굽정이	耕, 耘, 耜, 耡, 耦
耳	귀이	귀, 귀에 익다	耶, 耿, 耽, 聊, 聖, 聞
聿	붓율	붓, 마침내, 스스로, (필기구)	肅, 肆, 肄, 肇
肉	고기육	고기, 동물의 살, 피부	肝, 肩, 股, 肺, 胃, 脈, 脊
臣	신하신	신하, (한쪽 눈)	臥, 臧, 臨
自	스스로자	스스로, 저절로, (코)	臭, 皐
至	이를지	이르다, 미치다	致, 臺
臼	절구구	절구, 허물	舅, 與, 興, 舊
舌	혀설	혀,	舍, 舒
舛	어그러질천	위반하다, 어기다	舜, 舞
舟	배주	배, 쟁반, 싣다	舡, 航, 舶, 船, 舵
艮	간괘간	어긋나다, 거스르다, 밥그릇	良, 艱
色	빛색	빛, 광택, 모양, 자르다, 색욕	艶
艸(艹)	초두밑	풀	花, 苦, 茶, 菊, 葛, 葉, 藥

虍	범호밑	호랑이 머리, 호 피무늬	虎, 虐, 虔, 處, 虛
虫	벌레충	벌레(몸이 긴), 뱀	蚊, 蜜, 蝶, 螢, 蟹, 蠢
血	피혈	피(그릇에 담긴)	衆
行	다닐행	가다, 걷다, 행하다	術, 街, 衙, 衝, 衛, 衡
衣(衤)	옷의	옷, (몸 윗부분 덮개)	袒, 袖, 袗, 袍, 被
襾(覀)	덮을아	덮다(아래 위를)	西, 要, 覆, 覇, 羈
7획			
見	볼견	보다, 변별하다	規, 視, 親, 覲, 覺, 覽, 觀
角	뿔각	뿔, 구석	解, 觴, 觶, 觸
言	말씀언	말, 글(舌과 구분)	記, 訓, 訥, 詞, 註, 詳, 誦, 論
谷	골곡	골짜기, 좁은 길	谽, 谿, 豁
豆	콩두	콩, 제수	豈, 豊, 豌, 豐
豕	돼지시	돼지	豕, 豚, 象, 豪, 豫
豸	갖은돼지치	발없는 벌레, 고양이	豹, 貂, 貊, 貉
貝	조개패	조개, 돈(관련글자)	財, 貫, 貧, 貪, 販, 貨, 貴
赤	붉을적	붉다, 발가숭이	赦, 赧, 赫
走	달릴주	달리다, 향해가다	赴, 起, 越, 超
足	발족	발(무릎아래), 가다, 달리다	路, 踊, 踐, 蹈, 蹴
身	몸신	몸(임신), 나	躬, 軀, 軆
車	수레거	수레, 수레바퀴	軍, 輛, 輪, 輩, 輿, 轟 轉
辛	매울신	맵다, 고생하다	辟, 辣, 辨, 辦, 辭
辰	별진	별	辱, 農
辵(辶)	책받침	쉬엄가다, 달리다, 가다	近, 返, 迎, 逕, 途, 連, 遁, 遊
邑	고을읍	고을, 마을	邦, 郊, 鄕
酉	닭유	닭, 술그릇, 술관련글자	酋, 配, 酌, 酒, 酎
釆	분별할변	분별하다(辨), 갈라진 나무 발	釆, 釋
里	마을리	마을	重, 野, 量, 釐
8획			
金	쇠금	쇠, 돈, 황금	針, 鉛, 銅, 銘, 銀, 鋼, 錦

長	길장	길다, 늘이다	跃, 镸
門	문문	문, 출입문	閉, 間, 開, 閣, 闕, 關
阜(阝)	언덕부	언덕, 산비탈, 크다	降, 陋, 陌, 限
隶	미칠이	미치다, 이르다	隷,
隹	새추	새(꽁지가 짧은)	隻, 雀, 雇, 雅, 雁, 雄, 集
雨	비우	비, 빗방울	雪, 雲, 雷, 電, 霜, 霞, 霧, 露
青	푸를청	푸르다(生+丹)	靖, 静
非	아닐비	아니다, 등지다(北)	靡, 靠
9획			
面	낯면	낯, 얼굴, 표면, 뺨	靦, 靨
革	가죽혁	가죽, 피부	靴, 鞍, 鞋, 鞠, 鞨, 鞭
韋	가죽위	부드러운 가죽, 에둘다	韓, 韜
韭	부추구	부추	韲
音	소리음	소리, 음, 가락.言과 비교	韶, 韻, 馨, 響
頁	머리혈	머리, 목덜미	項, 須, 頒, 頌, 預, 顔, 額
風	바람풍	바람, 불다, 鳳에서 파생	颯, 颱, 颾, 飄
飛	날비	날다, 오르다	飜, 飝
食	먹을식	먹다, 人+艮	飢, 飳, 飯, 飲, 飽, 養
首	머리수	머리, 위, 앞, (눈과 눈썹)	馘, 馗,
香	향기향	향기, 아름답다(黍+甘)	馥, 馨
10획			
馬	말마	말	馭, 馮, 馴, 馳
骨	뼈골	뼈	骸, 髀, 髓, 體
高	높을고	높다(성곽), 몹시	亳,
髟	터럭발밑	늘어뜨리다, 갈기	髥, 髮, 髻, 鬚
鬥	싸움투	싸우다, 겨루다	鬧, 鬩, 鬨, 鬪
鬯	술창	술	鬱
鬲	솥력	막다, 솥	鬴, 鬷, 鬻
鬼	귀신귀	귀신(얼굴 큰사람)	魁, 魂, 魅, 魃, 魄

11획			
魚	고기어	물고기	鮑, 鮫, 鮮, 鯨, 鯤, 鰒
鳥	새조	새	鳩, 梟, 鳴, 鳳, 鳶
鹵	소금밭로	소금, 갯벌(西에서 파생)	鹹, 鹽
鹿	사슴록	사슴(뿔난), 권좌	麀, 麋, 麒, 麗, 麓
麥	보리맥	보리	麰, 麴, 麵
麻	삼마	삼, 삼베	麽, 麾
12획			
黃	누를황	누르다(배가 나온 모양),	黌
黍	기장서	기장(낱알이 많은곡식)	黎, 黏, [illegible]
黑	검을흑	검다, 어둡다	默, 點, 黜, 黠, 黥, 黨
黹	바느질치	바느질, 수놓다	黻, 黼
13획			
黽	맹꽁이맹	맹꽁이	黿, 鼂, 鼇, 鼈
鼎	솥정	솥	鼐, 鼒
鼓	북고	북, 두드리다, 치다	鼗
鼠	쥐서	쥐(꼬리달린 작은짐승)	鼱
14획			
鼻	코비	코	齁
齊	가지런할제	가지런하게, 똑같이	齋, 齌, 齎, 齏
15획			
齒	이치	치아(止는 발음)	齕, 齡, 齬, 齪, 齰, 齷
16획			
龍	용용	용(꼬리가 길고 발이 달린)	龐, 龕
龜	거북구	거북	龜
17획			
龠	피리약	피리	龥

부수의 이름 구분하기

- 제부수: 한자 자체가 부수가 될 때

例 龍, 龜, 木, 方, 鼻, 鼓 등

- 머리: 부수가 글자의 위에 위치할 때

例 亦 (부수는 亠: 돼지해 머리), 冠 (부수는 冖: 민갓머리),
宅 (부수는 宀: 갓머리)

- 변: 부수가 글자의 왼쪽에 위치할 때

例 往 (부수는 彳: 두인 변), 挽 (부수는 手: 손수 변),
死 (부수는 歹: 죽을사 변), 陽 (부수는 阝: 좌부방 변),
烟 (부수는 火: 불화 변)

- 방: 부수가 글자의 오른 쪽에 위치할 때

例 切 (부수는 刀: 칼도 방), 印 (부수는 卩: 병부절 방),
頭 (부수는 頁: 머리 혈 방)

- 발: 부수가 글자의 밑에 위치할 때

例 熱 (부수는 灬: 불화 발), 盆 (부수는 皿: 쟁반명 발)
忍 (부수는 心: 마음심 발)

• 받침: 부수의 모양이 글자의 왼쪽과 밑에 걸쳐 위치할 때

例 建 (부수는 廴: 민책받침), 速 (부수는 辵, 辶: 책받침)

• 엄 혹은 엄호: 부수의 모양이 글자의 머리와 왼쪽에 걸쳐 위치할 때

例 原 (부수는 厂: 민엄호), 庫 (부수는 广: 엄호)

• 몸: 부수의 모양이 글자를 둘러싼 모양일 때

例 回 (부수는 囗: 큰입구 몸), 鬪 (부수는 鬥: 싸울투 몸),
開 (부수는 門: 문 몸)

2 한자의 모양과 뜻에 따라 익히기(기본한자)

※한자, 훈과 음, 설명, 익히기의 순서로 나열하였다. 한 번 이상 읽고 익히기는 꼭 써보도록 한다.

1) 사람의 신체와 관련된 한자

人(인) : 사람 인 - 두 팔을 앞으로 뻗고 있는 모습, 두 다리를 벌리고 서있는 모습

예 人心, 人生, 人口, 人形, 三人成虎

人

人心

化(화) : 변화할 화 - 바로 선 사람과 거꾸로 선 사람

예 敎化, 文化, 化合, 進化, 千變萬化

化

囚(수) : 가둘 수 - 울타리 혹은 경계 안에 들어있는 사람

예 罪囚(죄수), 囚禁(수금), 囚衣(수의), 徒囚(도수), 囚首喪面(수수상면)

囚

休(휴) : 쉴 휴 - 사람이 나무에 기댄 모습(회의), 쉬다, 멈추다, 훌륭하다

예 休息(휴식), 連休(연휴), 休業(휴업), 萬事休矣(만사휴의), 解甲休兵(해갑휴병)

休

夫(부) : 어른이 머리에 상투를 두르고 비녀를 꽂은 모습, 성인, 남편, 직업종사자

예 夫婦(부부), 人夫(인부), 漁夫(어부), 大丈夫(대장부), 夫唱婦隨(부창부수)

夫									

立(입) : 설 립- 사람이 두 팔을 벌린 채 땅에 서있는 모습

예 立地(입지), 立場(입장), 自立(자립), 私立(사립), 立錐之地(입추지지)

立									

文(문) : 글 문 - 사람 가슴에 새긴 문신, 무늬, 문자, 문장

예 文身(문신), 文盲(문맹), 文法(문법), 散文(산문), 望文生義(망문생의)

文									

元(원) : 으뜸 원 - 사람이 무릎 꿇고 앉아있는 모습, 二는 머리, 우두머리, 시작, 으뜸

예 元首(원수), 元年(원년), 新紀元(신기원), 元素(원소), 返本還元(반본환원)

元									

交(교) : 교차할 교, 사귈 교 - 다리를 엇갈리게 하여 앉은 모습, 엇갈리다, 교차하다, 교제하다, 주고받다

예 交換(교환), 交流(교류), 交感(교감), 交友(교우), 遠交近攻(원교근공)

交									

欠(흠) : 하품 흠, 모자랄 흠 - 앉아서 입을 벌린 모습, 부수로 많이 쓰인다. 모자라다

예 吹(취), 飮(음), 歌(가), 歎(탄), 欠伸(흠신)

欠									

吹(취) : 불 취 - 입으로 불다

예 吹奏(취주), 吹入(취입), 吹打(취타), 鼓吹(고취), 吹毛求疵(취모구자)

吹									

印(인) : 도장 인, 누를 인- 손으로 사람을 꿇어 앉히는 모습, 누르다, 도장찍다, 도장

예 印刷(인쇄), 印象(인상), 刻印(각인), 調印(조인), 心心相印(심심상인)

印									

身(신) : 몸 신 - 배가 불룩 튀어나온 모습,

예 心身(심신), 出身(출신), 修身(수신), 身體(신체), 殺身成仁(살신성인)

身									

母(모) : 어미 모 - 여자가 젖가슴을 드러낸 채 앉아 있는 모습

예 母女(모녀), 母校(모교), 母國(모국), 老母(노모), 賢母良妻(현모양처)

母									

安(안) : 편안할 안 – 집에 편안히 앉아 있는 여자의 모습

예 安定(안정), 安樂(안락), 安危(안위), 治安(치안), 安貧樂道(안빈낙도)

安									

子(자) : 아들 자 – 팔을 치켜 올린 아기의 모습, 남자아이, 높임 말, 명사형 어근

예 母子(모자), 孔子(공자), 孝子(효자), 子孫(자손), 三尺童子(삼척동자)

子									

好(호) : 좋아할 호 – 어머니가 아기를 치켜들고 있는 모습

예 好人(호인), 好惡(호오), 良好(양호), 絶好(절호), 好事多魔(호사다마)

好									

目(목) : 눈 목 – 눈의 모양, 조목, 이름, 우두머리

예 眼目(안목), 目的(목적), 品目(품목), 頭目(두목), 目不忍見(목불인견)

目									

眉(미) : 눈썹 미 – 눈위의 눈썹

예 眉間(미간), 焦眉(초미), 白眉(백미), 雙眉(쌍미), 目秀眉淸(목수미청)

眉									

見(견) : 볼 견 - 目(목) + 人(인).

예 見解(견해), 發見(발견), 見聞(견문), 會見(회견), 先見之明(선견지명)

見									

臣(신) : 신하 신 - 고개를 숙인 사람의 옆모습(눈), 노예

예 臣下(신하), 家臣(가신), 功臣(공신), 寵臣(총신), 君舟臣水(군주신수)

臣									

面(면) : 얼굴 면 - 눈의 윤곽을 가진 얼굴, 표면, 겉

예 面刀(면도), 面目(면목), 面接(면접), 假面(가면), 人面獸心(인면수심)

面									

耳(이) : 귀 이 - 귀의 모양, 부수로 쓸 때는 귀 또는 소리듣는 행위와 관련

예 取(취), 聞(문), 聲(성), 聾(농), 耳目口鼻(이목구비)

耳									

取(취) : 취할 취 - 耳(이) + 又(手) 전공으로 귀를 베어가다, 취하다, 빼앗다

예 取得(취득), 爭取(쟁취), 取消(취소), 取材(취재), 取捨選擇(취사선택)

取									

自(자) : 자기 자 - 코의 모양, 자신을 가르칠 때 향하는 손이 코를 가르침

예 自立(자립), 自身(자신), 自然(자연), 自由(자유), 自暴自棄(자포자기)

自									

臭(취) : 냄새 취 - 自(자)+犬(견), 개가 코로 냄새 맡다, 악취

예 惡臭(악취), 香臭(향취), 口尙乳臭(구상유취)

臭									

甘(감) : 달 감 - 입안의 음식

예 甘酒(감주), 甘受(감수), 甘言(감언), 甘雨(감우), 苦盡甘來(고진감래)

甘									

舌(설) : 혀 설 - 입 밖으로 내논 혀

예 口舌(구설), 毒舌(독설), 舌戰(설전), 舌禍(설화), 舌鋒如火(설봉여화)

舌									

言(언) : 말씀 언 - 입에서 나온 것, 혀의 기능

예 言語(언어), 言行(언행), 格言(격언), 金言(금언), 甘言利說(감언이설)

言									

音(음) : 소리 음 - 言(언)과 비슷, 입안에서 나는 소리

예 音聲(음성), 音樂(음악), 母音(모음), 騷音(소음), 絲竹之音(사죽지음)

音

齒(치) : 이 치 - 이의 모양, 止(지)는 소리인 형성자, 나이

예 齒科(치과), 齒牙(치아), 年齒(연치), 蟲齒(충치), 脣亡齒寒(순망치한)

齒

長(장) : 길 장 - 지팡이를 짚은 머리 긴 노인의 모습, 머리가 길다, 나이 먹다, 어른

예 長身(장신), 長城(장성), 長老(장로), 長蛇陣(장사진), 一長一短(일장일단)

長

老(노) : 늙을 노 - 지팡이를 쥔 노인 모습, 나이가 많다, 아는 것이 많다.

예 老人(노인), 老年(노년), 老鍊(노련), 元老(원로), 生老病死(생로병사)

老

孝(효) : 효도 효 - 耂 +子, 아이가 노인을 업다

예 孝婦(효부), 孝行(효행), 孝道(효도), 孝誠(효성)

孝

拜(배) : 절할 배 - 手(수)+手(수). 두 손을 마주하여 합하여 고개를 숙인 모습

예 参拜(참배), 崇拜(숭배), 禮拜(예배), 拜謁(배알), 頓首再拜(돈수재배)

拜

友(우) : 벗 우 - 왼손과 오른 손(혹은 又又). 뜻이 맞음. 친구. 친하게 지냄

예 朋友(붕우), 友好(우호), 友軍(우군), 友情(우정), 竹馬故友(죽마고우)

友

及(급) : 미칠 급. 따라잡을 급 - 人+又 사람을 따라가 잡음. 미치다. 도달하다. 이르다

예 及第(급제), 追及(추급), 莫及(막급), 過猶不及(과유불급)

及

左(좌) : 왼 좌 - 일 할때 쓰는 손

예 左右(좌우), 左傾(좌경), 左遷(좌천), 左派(좌파), 左顧右眄(좌고우면)

左

父(부) : 아비 부 - 한 손에 돌도끼를 들고 있는 모습. 도끼를 들고 일하는 남자

예 父親(부친), 伯父(백부), 神父(신부), 父子(부자), 父傳子傳(부전자전)

父

守(수) : 지킬 수 - 집宀 + 손寸, 집안에 큰 손이 있다, 유지하다, 수행하다

예 保守(보수), 守備(수비), 固守(고수), 職分(직분), 守株待兎(수주대토)

守

受(수) : 받을 수 - 爫+冖+又 손이 다른 쪽 손에 건네 줌, 주다 授(수), 받다,

예 受賞(수상), 受信(수신), 甘受(감수), 受命(수명)

受

採(채) : 딸 채, 캘 채 - 扌, 爫, 木 (爫, 木), 나무 위의 손, 따다, 캐다, 가려내다

예 採取(채취), 採擇(채택), 採集(채집), 伐採(벌채), 採薪之憂(채신지우)

採

改(개) : 고칠 개 - 己(기)+攴(칠 복) 꿇어 낮은 사람을 때림, 잘못을 고치다, 바꾸다

예 改良(개량), 改革(개혁), 改造(개조), 改悛(개전), 改過遷善(개과천선)

改

牧(목) : 기를 목, 칠 목 -牛+攴 소를 치는 모습, 놓아서 기르다, 보살피고 다스리다

예 牧牛(목우), 牧民(목민), 牧場(목장), 司牧(사목), 樵語牧唱(초어목창)

牧

役(역) : 부릴 역 - 彳+殳(몽둥이 수) 사람에 몽둥이질, 남에게 일을 시키다, 행위의 강제

예 兵役(병역), 使役(사역), 懲役(징역), 苦役(고역), 役割(역할)

役

止(지) : 그칠 지 - 발의 모양, 멈추다, 부수로 쓰일 경우 발의 동작과 관련

예 企(기), 步(보), 中止(중지), 禁止(금지), 抑止(억지)

止

出(출) : 나갈 출 - 굴 밖으로 발이 하나 나온 모습, 나가다

예 支出(지출), 出入(출입), 外出(외출), 家出(가출), 出家(출가)

出

足(족) : 다리 족 - 口+止 口는 정강이 止는 발, 즉 무릎 이하의 다리, 충분하다, 넉넉하다

예 手足(수족), 蛇足(사족), 滿足(만족), 豊足(풍족), 畵蛇添足(화사첨족)

足

走(주) : 달릴 주 - 팔을 앞뒤로 흔드는 사람 모양, 달리다, 빨리 걷다

예 疾走(질주), 競走(경주), 敗走(패주), 走狗(주구), 走馬看山(주마간산)

走

行(행) : 행할 행 - 십자로의 모습, 길, 가다, 행하다

예 直行(직행), 言行(언행), 行爲(행위), 行方(행방), 知行合一(지행합일)

行

徒(도) : 걸을 도, 무리 도 - 彳(行)+走(주), 발로 걸어서 가다, 말이나 수레를 타지않는 보병에서 무리, 따르는 사람, 맨손의 의미 파생

예 徒步(도보), 信徒(신도), 暴徒(폭도), 徒弟(도제), 徒手致富(도수치부)

徒

肉(육) : 고기 육 - 한조각의 고깃덩이, 부수자 月(월)과 함께 사용, 사람이나 동물의 어떤 기관 부위

예 肉食(육식), 肉眼(육안), 骨肉(골육), 筋肉(근육), 酒池肉林(주지육림)

肉

多(다) : 많을 다 - 고깃덩어리 두 세 개를 겹친 모양

예 多少(다소), 多情(다정), 多方面(다방면), 雜多(잡다), 多多益善(다다익선)

多

有(유) : 있을 유 - 又+肉, 고기를 손으로 잡은 모양, 갖다, 소유나 점유

예 有年(유년 ; 풍년), 有利(유리), 有名(유명), 占有(점유), 所有(소유)

有

骨(골) : 뼈 골 – 뼈의 의미인 와+肉, 살이 붙어있는 뼈, 관절부분이 연결된 뼈(歹 : 살이없는 뼈 의미와 비교)

예 骨董(골동), 骨格(골격), 氣骨(기골), 弱骨(약골), 換骨奪胎(환골탈태)

骨

2) 자연과 관련된 한자

氣(기) : 기운 기 – 三과 혼동을 피하기 위해 아래와 위를 구부림(气)+米(미), 공기, 기운

예 氣分(기분), 氣力(기력), 感氣(감기), 空氣(공기), 浩然之氣(호연지기)

氣

雨(우) : 비 우 – 하늘에서 빗방울이 떨어지는 모습, 부수자일 경우 모두 비와 관련된 기상현상 예, 雲(운), 雷(뢰), 電(전), 霧(무), 雪(설) 등

예 雨期(우기), 雨傘(우산), 降雨(강우), 細雨(세우), 雨後竹筍(우후죽순)

雨

山(산) : 뫼 산 – 산의 모습

예 登山(등산), 山川(산천), 山河(산하), 火山(화산), 他山之石(타산지석)

山

丘(구) : 언덕 구 – 산봉우리 두 개가 나란히 있는 모습, 가운데가 움푹 꺼진 산

예 丘陵(구릉), 孔丘(공구), 丘墓(구묘), 丘山(구산), 首丘之情(수구지정)

丘									

石(석) : 돌 석 – 厂(절벽, 낭떠러지)+口(돌이 떨어져 가는 모습)

예 石器(석기), 石窟(석굴), 化石(화석), 岩石(암석), 一石二鳥(일석이조)

石									

土(토) : 흙 토 – 지면에 흙을 쌓은 모습, 생식기

예 土地(토지), 土質(토질), 風土(풍토), 沃土(옥토), 積土爲山(적토위산)

土									

坐(좌) : 앉을 좌 – 土를 좌우하여 사람이 앉아있는 모습, 앉다, 앉는 자리

예 坐席(좌석), 座席(좌석), 正坐(정좌), 坐食(좌식), 坐不安席(좌불안석)

坐									

火(화) : 불 화 – 활활 타오르는 불꽃불이 아래 쪽에서 탈 때는 灬 혹은 赤(적), 위에서 탈 때는 光(광) 예, 烹(팽), 焦(초), 煮(자)

예 火力(화력), 火災(화재), 消火(소화), 放火(방화), 負薪救火(부신구화)

火									

炎(염) : 탈 연, 뜨거울 염 - 뜨겁게 타오르는 불, 열, 뜨겁다, 열나는 증상

예 炎天(염천), 火焰(화염), 鼻炎(비염), 炎夏(염하), 炎凉世態(염량세태)

炎									

焚(분) : 태울 분 - 林+火

예 焚香(분향), 焚身(분신), 焚書坑儒(분서갱유)

焚									

光(광) : 빛 광 - 꿇어앉은 사람이 머리에 불을 이고 있는 모습, 비추다, 빛나다, 빛

예 光明(광명), 光復(광복), 月光(월광), 榮光(영광), 電光石火(전광석화)

光									

赤(적) : 붉을 적 - 불 위의 사람모습, 붉다, 벌거벗다, 갓태어난

예 赤旗(적기), 赤手(적수), 赤子(적자), 赤化(적화), 赤手空拳(적수공권)

赤									

黑(흑) : 검을 흑 - 밑에서 불을 때고 위에 아궁이와 굴뚝이 있는 모습, 그을려 검다, 검은 색

예 黑人(흑인), 黑心(흑심), 黑幕(흑막), 黑字(흑자), 近墨者黑(근묵자흑)

黑									

州(주) : 고을 주, 모래톱 주 – 巛, 川 안에 섬 세 개, 물 가운데 땅(모래톱), 행정구역 명칭 洲(주)

예 慶州(경주), 尙州(상주), 濟州(제주), 九州四海(구주사해)

州

泉(천) : 샘 천 – 옹달샘에서 물이 솟아나는 모습

예 源泉(원천), 溫泉(온천), 黃泉(황천), 泉幣(천폐), 甘泉先蝎(감천선갈)

泉

原(원) : 근원 원 – 厂(절벽)＋泉(천), 물의 근원(源원), 최초, 가공하지 않은 상태, 넓은 들

예 原文(원문), 原始(원시), 原因(원인), 平原(평원), 拔本塞源(발본색원)

原

生(생) : 날 생 – 새싹이 지면 위로 자란 모습, 자라다, 낳다, 살다, 만들다, 날 것

예 出生(출생), 學生(학생), 生鮮(생선), 生存(생존), 九死一生(구사일생)

生

才(재) : 재능 재, 소질 재 – 지면에 싹이 나고 뿌리까지 생긴 모습, 재능, 소질

예 才能(재능), 天才(천재), 奇才(기재), 博學多才(박학다재)

才

在(재) : 있을 재 - 才+土, 땅에 뿌리 내렸으니 그 자리에서 살아감, 存(존, 才+子 : 씨앗을 통해 생명이 이어짐)

예 現在(현재), 存在(존재), 在野(재야), 在籍(재적), 無所不在(무소부재)

在

林(림) : 수풀 림 - 같은 모양이 겹쳐져 많다, 숲, 같은 종류의 사물이 많이 모임

예 林野(임야), 山林(산림), 儒林(유림), 書林(서림), 一木不林(일목불림)

林

果(과) : 과실 과, 결과 과 - 나무 위의 과일, 과일, 결과(열매를 맺다)

예 果實(과실), 結果(결과), 果斷(과단), 果然(과연), 因果應報(인과응보)

果

相(상) : 서로 상, 돌볼 상 - 木+目, 자세히 보다, 용모, 얼굴, 서로, 관직명

예 貴相(귀상), 觀相(관상), 眞相(진상), 相互(상호), 宰相(재상)

相

美(미) : 아름다울 미 - 大+羊(본래는 장식용 깃), 아름답다

예 美人(미인), 美術(미술), 美醜(미추), 審美眼(심미안), 美風(미풍)

美

豚(돈) : 돼지 돈 - 肉+豕(시),

예 養豚(양돈), 家豚(가돈), 海豚(해돈)

豚									

能(능) : 능할 능, 능력, 할 수 있다.- 熊(웅)의 본래자로 가차, 재능

예 才能(재능), 可能(가능), 知能(지능), 능률, 全知全能(전지전능)

能									

解(해) : 풀 해 - 角+刀+牛 칼로 소의 뿔을 뽑아내는 모습, 분해하다, 해부 해석하다, 이해하다

예 解散(해산), 解決(해결), 解放(해방), 解析(해석), 瓦解(와해)

解									

雀(작) : 참새 작 - 小+隹, 작은 새

예 孔雀(공작), 燕雀(연작), 歡呼雀躍(환호작약)

雀									

集(집) : 모일 집 - 隹+木 나무위에 새가 모이다, 모으다

예 集大成(집대성), 集中(집중) 募集(모집), 雲集(운집), 集賢殿(집현전)

集									

雙(쌍) : 짝 쌍 – 두 마리 새를 잡고 있는 모습. 둘, 쌍, 짝, 상대

예 雙童(쌍동), 雙方(쌍방), 雙手(쌍수), 天下無雙(천하무쌍)

雙									

習(습) : 익힐 습 – 羽+日 밝은 날 새가 반복해서 날개짓히는 모습. 반복에서 익히다, 연습하다

예 練習(연습), 學習(학습), 習慣(습관), 風習(풍습), 百里異習(백리이습)

習									

3) 사람의 활동과 관련된 한자

力(력) : 힘 력 – 쟁기의 모양, 힘, 힘껏

예 人力(인력), 學力(학력), 力說(역설), 力行(역행), 同心合力(동심합력)

力									

田(전) : 밭 전 – 여러 뙈기의 밭 모양. 밭, 사냥하다

예 田野(전야), 田園(전원), 耕田(경전), 油田(유전), 桑田碧海(상전벽해)

田									

男(남) : 사내 남 - 밭과 쟁기

예 男性(남성), 長男(장남), 善男善女(선남선녀), 飮食男女(음식남녀)

男

苗(묘) : 싹 묘, 자손 묘 - 밭과 풀, 싹, 모, 새끼, 후손, 자손

예 苗木(묘목), 苗裔(묘예), 旱苗得雨(한묘득우)

苗

里(리) : 마을 리, 田+土 사람들이 모여 사는 곳, 마을, 촌락, 거리단위

예 鄕里(향리), 洞里(동리), 里程標(이정표), 千里馬(천리마), 一瀉千里(일사천리)

里

利(리) : 이로울 리 - 禾+刀 벼를 낫으로 베다, 날카롭다, 빠르다, 이익, 이롭다

예 銳利(예리), 利用(이용), 利子(이자), 不利(불리), 薄利多賣(박리다매)

利

秋(추) : 가을 추 - 禾+火 벼가 익는 계절, 가을

예 秋分(추분), 秋夕(추석), 秋毫(추호), 秋霜(추상), 秋風落葉(추풍낙엽)

秋

料(료) : 헤아릴 료 - 米+斗 되나 말로 쌀을 되다, 헤아리다, 짐작하다, 재료, 거리, 녹

예 料理(요리), 原料(원료), 史料(사료), 有料(유료)

料

折(절) : 꺾을 절 - 扌+斤 도끼로 나무를 횡으로 자르는 모습. 꺾다, 자르다, 값을 깎다, 굽히다

예 屈折(굴절), 曲折(곡절), 夭折(요절), 折衷(절충), 百折不屈(백절불굴)

折

析(석) : 쪼갤 석, 가를 석 - 木+斤 나무를 위 아래로 쪼개는 것. 분석하다, 해석하다

예 分析(분석), 解析(해석), 剖析(부석)

析

初(초) : 처음 초 - 衣+刂 칼로 옷감을 자르다(옷 만드는 시작). 시작, 시초

예 初步(초보), 初期(초기), 初代(초대), 始初(시초), 當初(당초)

初

系(계) : 끈 계, 맬 계 - 손으로 실을 잡고 있는 모습(종적인 연결 - 횡적 연결은 係계 -關係, 係員). 잇다, 연결하다, 핏줄, 혈통

예 系列(계열), 系統(계통), 系譜(계보), 體系(체계), 萬世一系(만세일계)

系

經(경) : 날 경 - 糸+巠(경) 실과 베틀, 날 실

예 經線(경선), 經路(경로), 經歷(경력), 神經(신경), 經營(경영)

經

絶(절) : 끊을 절 - 糸+刂+卩 칼로 실을 끊다. 卩는 소리 부호의 형성자. 뛰어나다, 떨어지다, 극히, 끊어지다

예 絶交(절교), 絶筆(절필), 絶對(절대), 絶妙(절묘), 義絶(의절)

絶

飮(음) : 마실 음 - 食+欠 술 마시는 모습

예 飮酒(음주), 飮食(음식), 飮毒(음독), 暴飮(폭음), 鄕飮酒禮(향음주례)

飮

血(혈) : 피 혈 - ノ+皿 그릇 안의 피(제사 때 바치는 희생의 피)

예 血氣(혈기), 血肉(혈육), 輸血(수혈), 流血(유혈), 血緣(혈연)

血

益(익) : 더할 익 - 水+皿 그릇 위로 물이 넘치는 모습. 증가하다, 풍족, 이익, 이롭다, 더욱

예 利益(이익), 公益(공익), 損益(손익), 益友(익우), 多多益善(다다익선)

益

易(역) : 바꿀 역, 쉬울 이 – 그릇을 기울여 다른 그릇에 물을 부어주는 모양, 賜(사)의 본래자. 바뀌다, 바꾸다, 고치다, 쉽다

예 貿易(무역), 交易(교역), 容易(용이), 難易(난이), 易地思之(역지사지)

易

家(가) : 집 가 – 宀+豕 집에서 기르는 돼지. 가정, 가족(가축 ; 개, 돼지 ; 방목-소, 말, 양)

예 家具(가구), 家庭(가정), 歸家(귀가), 儒家(유가), 自家(자가)

家

宮(궁) : 집 궁, 궁궐 궁 – 宀+口 2 집안에 여러 개의 방. 대궐

예 宮室(궁실), 宮闕(궁궐), 東宮(동궁), 後宮(후궁), 九重宮闕(구중궁궐)

宮

宿(숙) : 묵을 숙, 오래될 숙 – 집 안에서 사람이 누워 쉬고 있는 모습. 묵다, 숙박하다, 하룻밤, 오래된, 별자리(수)

예 宿所(숙소), 下宿(하숙), 宿食(숙식), 宿願(숙원), 宿題(숙제)

宿

京(경) : 서울 경 – 기둥 위의 2층 건축물 모습. 높고 큰 집, 수도, 서울

예 上京(상경), 京城(경성), 京畿(경기), 京釜線(경부선)

京

高(고) : 높을 고 - 성 위에 세워진 누각. 높다, 멀다, 크다

예 高位(고위), 高聲(고성), 高原(고원), 高手(고수), 至高無上(지고무상)

高

亭(정) : 정자 정, 머물 정 - 10리 마다 세워진 관리 숙소, 성 출입을 위한 문. 멈춘다, 머물다, 정자, 주막

예 亭子(정자), 驛亭(역정), 園亭(원정)

亭

內(내) : 안 내 - 冂+入 문 안으로 사람이 들어가는 모습. 안

예 內外(내외), 內心(내심), 內務(내무), 內助(내조), 室內(실내)

內

啓(계) : 열 계 - 戶+又+口 손으로 문 열듯 말로 무지를 깨우치다. 열다, 깨우쳐 주다, 인도하다, 여쭈다

예 啓蒙(계몽), 啓發(계발), 狀啓(장계), 啓示(계시)

啓

開(개) : 열 개 - 門+一(빗장)+2又 문의 빗장을 따는 모습. 열다, 시작하다, 통하다

예 開校(개교), 開幕(개막), 開發(개발), 公開(공개), 開國功臣(개국공신)

開

得(득) : 얻을 득 – 彳+貝+爪 조개껍질을 손에 들고 있는 모습. 길 가다 돈을 줍다. 얻다. 줍다

예 得失(득실), 得意(득의), 得勢(득세), 利得(이득), 一擧兩得(일거양득)

得

貯(저) : 쌓을 저 – 돈을 넣어두는 궤짝宁(저).

예 貯金(저금), 貯藏(저장), 貯水池(저수지)

貯

宗(종) : 종묘 종, 겨레 정 – 宀+示 집안에 신위를 모심. 사당, 종묘, 조상, 갈래, 근본, 존중하다

예 宗家(종가), 宗主國(종주국), 宗敎(종교), 改宗(개종), 宗法(종법)

宗

祭(제) : 제사지낼 제 – 肉+又+示 제단 위에 고기를 손으로 올려 놓는 모습. 제사지내다

예 祭物(제물), 祭祀(제사), 祝祭(축제), 祭政(제정)

祭

豊(풍) : 풍성할 풍 – 豆(제기)+曲 제기 위에 여러 곡식 이삭을 담아 놓은 모양. 풍성하다, 넉넉하다, 많다, 풍년

예 豊富(풍부), 豊足(풍족), 豊作(풍작), 豊凶(풍흉)

豊

禮(예) : 예 례 – 示+玉玉 제단에 옥으로 만든 제기를 올려놓은 모습.제사, 의식

예 禮義(예의), 婚禮(혼례), 失禮(실례), 無禮(무례)

禮								

酒(주) : 술 주 – 氵+酉(술병) 술.

예 酒客(주객), 酒量(주량), 甘酒(감주), 勸酒(권주)

酒								

典(전) : 책 전 – 冊+又又 두 손으로 책을 받들고 있는 모습, 중요한 책, 분헌. 법률, 제도, 규칙, 바르다

예 法典(법전), 經典(경전), 典範(전범), 典型(전형)

典								

般(반) : 일반 반, 돌 반 – 舟+殳 본래는 그릇에 막대를 넣어 돌리는 모양. 돌다, 돌리다, 즐기다

예 全般(전반), 萬般(만반), 諸般(제반), 一般(일반)

般								

伐(벌) : 벨 벌, 칠 벌 – 亻+戈 창으로 적의 목을 치다. 베다, 치다, 공로, 자랑하다

예 伐木(벌목), 伐草(벌초), 征伐(정벌), 討伐(토벌), 黨同伐異(당동벌이)

伐								

戍(수) : 지킬 수 - 창 옆에 사람이 서있는 모습. 방어하다

예 戍兵(수병), 戍樓(수루), 衛戍令(위수령)

戍

引(인) : 끌 인, 당길 인 - 弓+丨(방향의 지사). 끌어당기다. 늘이다, 인도하다

예 引上(인상), 引用(인용), 引導(인도), 引責(인책)

引

弘(홍) : 넓을 홍 - 활 시위를 힘껏 당기는 모습, 넓다, 크다

예 弘報(홍보), 弘益人間(홍익인간)

弘

至(지) : 이를 지, 도달할 지 - 화살이 지면에 거꾸로 박힌 모습. 도달하다, 이르다

예 至今(지금), 至當(지당), 冬至(동지)

至

3 기초한자 연습

人生(인생)					
文化(문화)					
罪囚(죄수)					
休息(휴식)					
夫婦(부부)					
立場(입장)					
文盲(문맹)					
元年(원년)					
交流(교류)					
欠伸(흠신)					
吹入(취입)					
印刷(인쇄)					
心身(심신)					
母國(모국)					

安定(안정)					
子孫(자손)					
好惡(호오)					
眼目(안목)					
眉間(미간)					
見解(견해)					
家臣(가신)					
面目(면목)					
取得(취득)					
自由(자유)					
香臭(향취)					
甘言(감언)					
毒舌(독설)					
言語(언어)					
音聲(음성)					
齒牙(치아)					
長身(장신)					

元老(원로)					
孝誠(효성)					
崇拜(숭배)					
友情(우정)					
莫及(막급)					
左右(좌우)					
父子(부자)					
保守(보수)					
甘受(감수)					
採集(채집)					
改革(개혁)					
牧民(목민)					
兵役(병역)					
禁止(금지)					
出入(출입)					
滿足(만족)					
走狗(주구)					

行方(행방)					
徒步(도보)					
骨肉(골육)					
多少(다소)					
有名(유명)					
骨董(골동)					
空氣(공기)					
降雨(강우)					
登山(등산)					
丘陵(구릉)					
岩石(암석)					
土地(토지)					
坐席(좌석)					
火災(화재)					
炎天(염천)					
焚香(분향)					
光明(광명)					

赤化(적화)						
黑幕(흑막)						
慶州(경주)						
溫泉(온천)						
原因(원인)						
生鮮(생선)						
才能(재능)						
存在(존재)						
林野(임야)						
結果(결과)						
眞相(진상)						
美醜(미추)						
養豚(양돈)						
可能(가능)						
解散(해산)						
燕雀(연작)						
集中(집중)						

雙手(쌍수)						
習慣(습관)						
力說(역설)						
田園(전원)						
男性(남성)						
苗木(묘목)						
鄕里(향리)						
利用(이용)						
秋毫(추호)						
料理(요리)						
曲折(곡절)						
分析(분석)						
始初(시초)						
系統(계통)						
經歷(경력)						
絶交(절교)						
飮酒(음주)						

血肉(혈육)					
利益(이익)					
貿易(무역)					
家庭(가정)					
宮闕(궁궐)					
宿食(숙식)					
京畿(경기)					
高原(고원)					
亭子(정자)					
內助(내조)					
啓蒙(계몽)					
開發(개발)					
得失(득실)					
貯金(저금)					
宗教(종교)					
祭祀(제사)					
豊凶(풍흉)					

禮義(예의)					
勸酒(권주)					
經典(경전)					
諸般(제반)					
征伐(정벌)					
戍兵(수병)					
引用(인용)					
弘報(홍보)					
至今(지금)					

제3장
응용한자

第三章

응용한자

1 사람의 신체와 관련된 한자

比(비) : 견줄 비 - 나란히 선 사람의 모양, 비교, 비유

예 比較(비교), 對比(대비), 無比(무비)

比									

比較

從(종) : 좇을 종, 따를 종 - 두 사람이 가는 모습, ~로부터

예 侍從(시종), 從事(종사), 服從(복종), 主從(주종)

從									

衆(중) : 무리 중, 많을 중 - 태양 아래 일하고 있는 모습(무리)

예 衆生(중생), 大衆(대중), 觀衆(관중), 衆口難防(중구난방)

衆									

仰(앙) : 우러를 앙 - 한 사람은 서있고 한 사람은 앉은 모습

◈ 抑(억) -누를 억

예 信仰(신앙), 抑制(억제)

仰									

夾(협) : 낄 협, 부축할 협 - 두 사람이 큰 사람을 부축하는 모양

◈ 狹(협) ; 좁을 협, 峽(협) ; 골짜기 협, 俠(협) ; 호협할, 을, 挾(협) ; 낄협

예 夾門(협문), 挾攻(협공)

夾									

因(인) ; 말미암을 인, 까닭 인 - 돗자리 모양, 종전대로 하다, 비롯되다

예 原因(원인), 因果(인과), 因緣(인연), 因果應報(인과응보)

因									

去(거) : 갈 거 - 사람이 집을 떠나는 모양, 버리다, 과거

예 去就(거취), 除去(제거), 逝去(서거), 去頭截尾(거두절미)

去									

竝(병) : 나란히 병 - 서 있는 두 사람

◈ 倂(병) ; 합칠, 아우를 병

◈ 並(병)

예 竝存(병존), 竝合(병합), 合倂(합병), 兼倂(겸병)

竝									

兌(태) : 기쁠 태, 바꿀 태 – 벌려진 입의 모습을 하고 앉아 있는 모습

◈ 悅(열) ; 기쁠 열, 銳(예) ; 날카로울 예, 脫(탈) ; 벗을 탈, 稅(세) ; 세금 세, 說(설) ; 말씀 설

예 兌換(태환)

兌									

克(극) : 이길 극, 능할 극 – 짐을 지고 일어나는 모습

예 克服(극복), 克己(극기)

克									

尸(시) : 주검 시 – 무릎을 쪼그리고 앉아있는 사람 모습

◈ 屍(시) ; 주검 시, 居(거) ; 있을 거, 屈(굴) ; 굽힐 굴, 尾(미) ; 꼬리 미, 尿(뇨) ; 오줌 뇨, 屎(시) ; 똥 시,

예 屍體(시체)

尸									

邑(읍) : 고을 읍 – 일정한 장소(口)에 꿇어앉은 사람(巴)

◈ 阝 ; 邦(방), 郡(군), 都(도), 鄕(향)

예 都邑(도읍), 食邑(식읍)

邑									

令(령) : 명령 령, 하여금 령, 법령 령 – 목탁 밑에 꿇어앉은 사람

◈ 口 +令 : 命(명)

예 命令(명령), 宿命(숙명), 使命(사명), 革命(혁명)

令									

服(복) : 복종할 복, 의복 복 – 손으로 꿇어 앉히는 모습, 종사

예 服從(복종), 服用(복용), 軍服(군복), 克服(극복)

服									

奴(노) : 노예 노 – 女(죄인, 약자, 노예) +又(手) 약자를 손으로 굴복

◈ 奴(노) – 남자 노예, 婢(비) – 여자 노예

예 奴隷(노예), 奴僕(노복), 賣國奴(매국노)

奴									

如(여) : 같을 여 – 女 + 口(남자의 입) 남자의 말에 여자가 따름, 결과는 같아짐

예 如意(여의), 缺如(결여), 百聞不如一見(백문불여일견)

如									

姓(성) : 성 성 – 女 + 生(새싹이 돋는 모습) 낳아준 여자

예 姓名(성명), 姓氏(성씨), 百姓(백성), 易姓(역성)

姓

妻(처) : 아내 처 - 손으로 여자머리카락을 잡은 모양

◆ 秉(병), 聿(율)

예 妻子(처자), 糟糠之妻(조강지처), 良妻(양처)

妻

妾(첩) : 첩 첩 - 女 + 立(머리 장식품) ; 아내(본처), 본처 이외의 배우자

◆ 龍(용)

예 妻妾(처첩), 愛妾(애첩)

妾

孕(잉) : 잉태한 잉 - 乃 + 子 뱃속의 아이, 낳아서 기르다

예 孕胎(잉태), 懷孕(회잉)

孕

字(자) ; 낳을 자, 문자 자 - 宀 + 子 집안의 아기 ; 기르다

◆ 상형자 - 文 / 형성, 회의자 - 字 : 文字(문자)

예 文字(문자), 活字(활자), 字典(자전), 八字(팔자)

字

孫(손) : 손자 손 - 子 + 系(실) 자식의 연결

예 子孫(자손), 孫子(손자)

孫

保(보) : 지킬 보, 보호할 보 - 사람이 아기를 업은 모습

예 保護(보호), 保安(보안), 保險(보험), 擔保(담보)

保

直(직) : 곧을 직 - 추를 바라보는 눈의 형상, 똑바로 보다

예 直線(직선), 直接(직접), 直言(직언), 直後(직후)

直

德(덕) : 덕 덕 - 彳 + 直 + 心 올바름을 실천하는 마음, 은혜를 베풀다

예 道德(도덕), 不德(부덕), 陰德(음덕), 德談(덕담)

德

省(성) : 살필 성 - 少 + 目 작은 것을 보다, 자세히 살피다

◈ 줄이다 省(생)

예 反省(반성), 省察(성찰), 省墓(성묘)

省

視(시) : 볼 시 - 示(신 혹은 제단) + 見(견) 형성자

◈ 見(견) ; 분명하게 보다, 視(시) : 보다 視而不見(시이불견)

예 視線(시선), 視野(시야), 無視(무시), 坐視(좌시)

視

宦(환) : 벼슬 환 - 宀 + 臣(고개숙인 눈) 집안의 노예 혹은 신하

예 宦官(환관), 宦路(환로 ; 벼슬길), 仕宦(사환)

宦

臥(와) : 누울 와 - 고개를 숙인 채 조는 모습, 눈감다, 졸다

예 臥龍(와룡), 臥病(와병), 臥薪嘗膽(와신상담)

臥

監(감) : 살필 감 - 무릎꿇고 고개 숙여 그릇 안의 물을 보다

◆ 鑑(감) ; 거울 발명 이후 같은 뜻으로 사용

예 監督(감독), 監修(감수), 監視(감시), 監護(감호)

監

臨(림) : 임할 임 - 고개 숙여 물건을 바라보는 사람 모습, 높은 곳에서 아래를 보다

예 臨時(임시), 臨床(임상), 臨終(임종), 降臨(강림)

臨

聞(문) : 들을 문 - 문에 귀를 갖다 댐

예 見聞(견문), 新聞(신문), 所聞(소문), 風聞(풍문)

聞

聲(성) : 소리 성 - 磬(경 ; 악기)+耳 경 소리를 듣다, 소문 소식, 명성, 노래

예 聲明(성명), 歎聲(탄성), 聲援(성원), 音聲(음성)

聲

鼻(비) : 코 비 - 自(자 ; 코)+畀(줄 비)

예 鼻炎(비염), 鼻笑(비소), 鼻祖(비조)

鼻

息(식) : 숨쉴 식 - 코의 본래자, 쉬다, 살다, 자라다, 번식하다, 아들

예 安息(안식), 歎息(탄식), 子息(자식), 利息(이식), 消息(소식)

息

名(명) : 이름 명 - 夕(석) + 口(구) 밤에 이름을 말해 알림

◈ 銘(새길 명) - 캄캄한 지하에 있는 사람은 비석을 통해 말함

예 姓名(성명), 有名(유명), 名士(명사), 名節(명절)

名

告(고) : 고할 고 - 크게 벌린 입

◈ 告(고) - 아랫사람이 윗사람에게, 誥(고) - 윗사람이 아랫사람에게

예 告白(고백), 告發(고발), 告知(고지), 告祀(고사)

告									

合(합) : 합할 합 - 뚜껑 덮은 그릇, 합치다, 일치하다, 적합하다

예 合計(합계), 合法(합법), 合心(합심), 集合(집합)

合									

會(회) : 모일 회 - 뚜껑과 음식물과 그릇의 합침

예 會議(회의), 會談(회담), 會話(회화), 社會(사회)

會									

倉(창) : 곳집 창 - 지붕과 문과 기반의 합침, 양곡을 저장

◆ 庫(곳집 고) - 무기를 저장

예 倉庫(창고), 穀倉(곡창)

倉									

品(품) : 물건 품 - 많은 그릇, 등급

예 食品(식품), 生必品(생필품), 品質(품질), 品格(품격)

品									

區(구) : 구역 구 - 상자 안의 물건, 물건을 감추어두는 장소, 구분하다

예 區分(구분), 區別(구별), 區間(구간)

區

思(사) : 생각할 사 – 囟(정수리 신) + 心 머리와 심장

◆ 腦(뇌), 惱(뇌) 모두 囟(신)이 들어감, 想(상) – 감성적인 생각, 思(사) – 논리적 생각

예 思考(사고), 思索(사색), 意思(의사), 深思熟考(심사숙고)

思

鬼(귀) : 귀신 귀 – 괴상한 머리의 물체

◆ 神(신) – 자연신, 鬼(귀)는 畏(두려울 외)와 동일 계열, 魂(혼), 魄(백), 醜(추)

예 鬼神(귀신), 魔鬼(마귀), 神出鬼沒(신출귀몰)

鬼

失(실) : 잃을 실 – 손에서 물건이 떨어지는 모습, 놓치다, 잃다, 실패하다, 허물

예 失手(실수), 失敗(실패), 失望(실망), 消失(소실)

失

反(반) : 뒤집을 반 – 厂 + 手 벼랑 혹은 낭떠러지에서 손을 대고 기어나옴, 뒤집히다, 되돌아가다, 배반하다

예 反復(반복), 反映(반영), 反逆(반역). 反省(반성)

反

皮(피) : 가죽 피 - 줄에 동물을 걸어 손으로 가죽을 베끼는 모양
◈皮(피) - 생가죽 革(혁) - 무두질한 가죽

예 皮革(피혁), 面皮(면피), 皮膚(피부)

皮

鼓(고) : 북 고 - 북을 치는(支 칠 복) 모습, 공격의 신호

예 鼓笛(고적), 鼓吹(고취), 鼓舞(고무), 申聞鼓(신문고)

鼓

教(교) : 가르칠 교 - 爻(셈공부)+子(자식)+攵(치다)

예 教育(교육), 教化(교화), 宣教(선교)

教

敗(패) : 패할 패 - 재물이나 솥을 치는 모습, 부수다, 깨뜨리다, 패하다, 썩다, 지다

예 敗北(패배), 勝敗(승패), 失敗(실패)

敗

散(산) : 흩어질 산 - 풀 숲을 치는 모습, 분리하다, 갈라지다, 흩어지다

예 分散(분산), 解散(해산), 散步(산보)

散

弄(농) : 희롱할 농 - 玉(옥) + 廾(두손 받들 공). 가지고 놀다. 멋대로 하다. 놀리다

예 弄談(농담), 戱弄(희롱), 愚弄(우롱)

弄									

具(구) : 갖출 구 - 두 손으로 솥을 들고 있는 모습. 음식을 차리다. 음식 그릇 도구

◈ 俱(구) - 사람이 더해지면서 함께. 다같이

예 具色(구색), 具備(구비), 具體(구체), 文具(문구)

具									

共(공) : 함께 공 - 두 손으로 물건을 받쳐든 모습. 함께. 공동으로. 바치다. 드리다

◈ 恭(공) - 마음 심이 더해져 함께하는 마음 ; 공손할 공. 供(공) 사람이 더해져 윗사람에게 바침 ; 바칠 공

예 共同(공동), 共産(공산), 共和國(공화국)

共									

爭(쟁) : 다툴 쟁 - 두 손이 물건을 서로 당기는 모습

◈ 諍(쟁) - 언쟁

예 論爭(논쟁), 戰爭(전쟁), 爭奪(쟁탈)

爭									

爲(위) : 할 위 - 손으로 코끼리 코를 끌어당기는 형상. 일하다. 만들다. 되다. 삼다. 하다

예 行爲(행위), 當爲(당위), 無爲(무위)

爲									

君(군) : 군주 군 - 尹(다스릴 윤 ; 권력의 상징 홀을 잡고 있는 모습) + 口(명령)

예 君子(군자), 君主(군주), 君臨(군림)

君									

律(율) : 법 률 - 彳 + 聿(붓 율 ; 손으로 붓을 잡은 모양) : 가거나 행할 것을 적음, 규칙, 법률, 음률

◈ 法(법)-법의 집행 혹은 판결, 律(율) - 규칙이나 법조문의 제정

예 法律(법률), 律令(율령), 一律(일률), 音律(음율)

律									

建(건) : 세울 건 - 廴(인) + 聿(율 ; 규칙) : 규칙이나 법을 세우다. 건축하다, 건의하다

예 建國(건국), 建設(건설), 封建(봉건)

建									

畵(화) : 그릴 화, 꾀할 화 - 聿(율) + 무늬 ; 무늬를 그리다. 그리다, 가르다, 꾀하다(획)

◈ 劃(획) : 꾀할 획

예 畵家(화가), 名畵(명화), 劃數(획수)

畵									

秉(병) : 잡을 병 - 벼를 손으로 잡은 모습 ; 손으로 잡다, 권력을 잡다

예 權柄(권병)

秉

兼(겸) : 겸할 겸 - 두 포기의 벼를 손으로 잡다 ; 동시에 잡다, 나뉜 것을 합치다

예 兼備(겸비), 兼任(겸임), 兼倂(겸병)

兼

先(선) : 앞설 선 - 止(지 ; 발) + 儿(인) ; 사람에 앞서 걸어가다

예 先生(선생), 先發(선발), 率先(솔선)

先

涉(섭) : 건널 섭 - 水(수)+步(보, 발이 두개) ; 강을 사이에 두고 두 발이 있는 모습, 겪다, 관계하다

예 涉獵(섭렵), 干涉(간섭), 交涉(교섭)

涉

降(강) : 내릴 강 - 阝(阜 ; 언덕 부)+步(보와 같은 형태) ; 높은 곳(언덕)에서 내려오는 두 발 모습, 내려오다, 항복하다

예 降臨(강림), 降雨(강우), 下降(하강), 降服(항복)

降

客(객) : 손 객 - 宀+各(각 ; 동굴 입구쪽으로 걸어오는 발) ; 집으로 오는 발, 찾아론 사람, 손님

◈ 客(객) ; 不請客(불청객), 賓(손 빈) ; 초대를 받아 예물(貝)을 들고 온 손님

예 客地(객지), 客觀(객관), 顧客(고객), 食客(식객)

客									

違(위) : 어길 위 - 辵(辶착 ; 가다)+韋(어긋날 위 ; 성벽주위를 돌고 있는 발의 모습), 지키다, 어긋나다, 등지다, 위반하다, 다르다

예 違反(위반), 違背(위배), 違憲(위헌), 非違(비위)

違									

圍(위) : 에울 위 - 韋(위)를 또 둘러싸다, 포위하다, 둘레

◈ 衛(위) ; 지킬 위 - 防衛(방위), 衛星(위성), 正當防衛(정당방위)

예 周圍(주위), 範圍(범위), 包圍(포위)

圍									

逐(축) : 쫓을 축 - 豕(시)+辵 ; 짐승을 잡으려 뒤쫓다. 다투다

예 逐出(축출), 逐鹿(축록), 驅逐(구축)

逐									

追(추) : 쫓을 추 - 군대(師)를 쫓아가다, 뒤쫓다, 쫓아가다

예 追跡(추적), 追從(추종), 追慕(추모)

追

逸(일) : 달아날 일 - 兎(토)+辶 토끼가 달아나다, 뛰어나다, 편안하다

예 隱逸(은일), 安逸(안일), 逸話(일화), 逸品(일품)

逸

進(진) : 나아갈 진 - 隹 + 辶 새는 나아갈 줄만 안다, 앞으로 나아가다, 올라가다

예 進步(진보), 進化(진화), 推進(추진)

進

逆(역) : 거르를 역 - 큰대를 거꾸로 한 모양+辶 거스르다, 거꾸로

예 逆流(역류), 逆說(역설), 逆境(역경)

逆

復(복) : 되풀이할 복, 다시 부 - 彳+复(복 ; 풀무모양) 발로 바람을 넣다, 되풀이하다, 되돌아가다

예 復古(복고), 回復(회복), 報復(보복), 復活(부활)

復

登(등) : 오를 등 - 癶(발 ; 두 발의 모양)+豆(두 ; 제기) 두 손으로 제기를 들고 제단에 오르는 모습, 오르다, 올라가다, 성취하다

예 登山(등산), 登用(등용), 登龍門(등용문)

登

發(발) : 쏠 발 - 癶(발) +弓+殳(수) ; 창을 던지다, 활을 쏘다, 떠나다, 일어나다, 피어나다

예 發射(발사), 發表(발표), 出發(출발), 百發百中(백발백중)

發

2 자연과 관련된 한자

春(춘) : 봄 춘 - 태양과 초목과 새싹, 봄의 현상, 봄

예 春秋(춘추), 春風(춘풍), 回春(회춘)

春

朝(조) : 아침 조 - 풀과 태양과 달, 달이 남아있는 아침, 아침, 조정(회의가 아침에 열림)

예 朝夕(조석), 朝鮮(조선), 朝廷(조정)

朝

望(망) : 바랄 망 - 높은 곳에 올라 먼 곳(달)을 바라 봄(형성자), 바라보다, 기대하다, 소망하다

예 望鄕(망향), 可望(가망), 所望(소망)

望

星(성) : 별 성 - 여러 개의 별(日)이 자라남, 세월

예 彗星(혜성), 占星術(점성술), 星霜(성상)

星

申(신) : 이야기 신 - 번갯불이 번쩍이는 모습(신의 말씀), 말하다, 진술하다

◆ 神(신), 電(전), 伸(신), 紳(신) 등이 여기서 파생

예 申告(신고), 申聞鼓(신문고)

申

雷(뇌) : 천둥 뢰 - 비와 번개가 칠 때 나는 소리

예 落雷(낙뢰), 地雷(지뢰), 雷同(뇌동)

雷

雪(설) : 눈 설 - 비와 빗자루(손) ; 눈, 씻어내다

예 白雪(백설), 雪辱(설욕), 積雪(적설)

雪

炙(적, 자) : 구울 적(자) - 고기와 불, 고기를 굽다

예 膾炙(회자), 散炙(산적)

炙

然(연) : 그럴 연 – 고기와 개와 불, 개고기를 불에 굽다, 태우다(燃), 그러하다, 그러나

예 自然(자연), 偶然(우연), 燃料(연료), 燃燒(연소)

然

焦(초) : 태울 초 – 새와 불, 새가 불에 타다

예 焦眉(초미 ; 눈썹에 불이 붙다), 焦燥(초조), 焦土(초토)

焦

災(재) : 재앙 재 – 川(천) ＋火 ; 홍수로 범람한 水災(수재), 집에 불이 남(灾 ; 간자체)

예 火災(화재), 災殃(재앙), 三災(삼재)

災

榮(영) : 영화 영 – 횃불 두 자루를 엇갈려 놓은 모습, 밝게 비추다, 빛, 연화, 번영

◆ 밝게 빛나다의 의미 – 螢(형), 瑩(영), 營(영), 鶯(앵), 勞(로)

예 榮光(영광), 繁榮(번영)

榮

沙(사) : 모래 사 - 물이 줄어들 때 드러나는 것, 물가의 모래

◈ 砂(사) 모래 사 - 물가에 있지 않은 모래

예 沙漠(사막), 沙汰(사태), 白沙場(백사장)

沙									

沈(침) : 빠질 침 - 소나 양이 물에 떠내려가는 모습, 물 속에 빠뜨리다, 가라앉다

◈ 성씨일 경우 沈(심), 읽기 ; 耽(탐할 탐), 眈(노려볼 탐), 枕(베개 침), 忱(정성 침)

예 沈沒(침몰), 沈滯(침체), 沈默(침묵)

沈									

永(영) : 길 영 - 두 개의 강물 줄기가 하나라 합쳐 흘러가는 모양, 길이, 멀리

◈ 泳(영) - 헤엄칠 영(형성자)

예 永久(영구), 永生(영생), 永住(영주)

永									

派(파) : 갈래 파 - 물 줄기가 두 개로 갈라져 가는 모습, 갈라져 흐르다, 갈래

◈ 脈(맥) : 맥 맥, 줄기 맥 - 동맥과 정맥

예 派閥(파벌), 派遣(파견), 學派(학파)

派									

乘(승) : 탈 승, 오를 승 - 나뭇가지 위에 두 다리로 선 모습, 오르다, 올라타다, 타다, 곱셈

예 乘車(승차), 乘客(승객), 乘馬(승마)

乘

束(속) : 묶을 속 - 나무를 묶은 모습, 묶다, 단속하다, 약속하다

예 束縛(속박), 拘束(구속), 約束(약속), 結束(결속)

束

刺(자) : 가시 자, 찌를 자 - 나무의 가시+칼, 즉 가시와 칼, 가시, 찌르는 무기, 찌르다(척)

◆ 棘(극) ; 가시나무 극, 창 극 棗(조) ; 대추나무 조

예 刺客(자객), 刺戟(자극), 諷刺(풍자), 刺殺(척살)

刺

樂(악) : 음악 악, 즐거울 락, 좋아할 요 - 여러 줄의 실이 나무틀에 매여 있는 모습(현악기), 악기, 음악, 즐겁나, 즐기다, 좋아하다

예 音樂(음악), 風樂(풍악), 快樂(쾌락), 樂山樂水(요산요수)

樂

喪(상) : 잃을 상 - 뽕나무(桑상) 잎을 따 담을 광주리 모양, 잃다, 죽다, 상복을 입다

예 喪家(상가), 喪心(상심), 喪妻(상처), 問喪(문상)

喪

暮(모) : 저물 모 – 해가 져 풀숲 사이로 보이는 모습, 해질무렵, 저녁

예 日暮(일모), 歲暮(세모), 朝三暮四(조삼모사)

暮

季(계) : 어릴 계, 막내 계, 계절 계 – 어린 곡식, 막내, 한 철의 마지막 달

◈ 형제 ; 伯(백)-仲(중)-叔(숙)-季(계)

예 季節(계절), 季刊(계간), 季子(계자)

季

年(년) : 해 년 – 벼를 수확하여 이고 가는 모습, 수확하다, 곡식이 익다, 1년

◈ 1년 ; 載(재)-歲(세 ; 夏)-祀(사 ; 殷)-年(년 ; 周)

예 年末(연말), 豊年(풍년), 年歲(연세)

年

群(군) : 무리 군 – 세 마리의 양, 무리, 떼, 모이다, 많다

◈ 集(집)-새의 모임, 群(군)-네발 짐승의 모임, 衆(중)-사람의 모임

예 群衆(군중), 群集(군집), 拔群(발군)

群

養(양) : 기를 양 – 채찍을 들고 양을 치는 모습, 양을 치다, 낳아기르다, 공양하다, 먹여기르다

예 養鷄(양계), 養育(양육), 培養(배양), 奉養(봉양)

養

善(선) : 선할 선 - 양을 가운데 두고 두 사람이 말을 주고받는 모습, 좋다, 잘하다, 착하다

예 善行(선행), 善惡(선악), 積善(적선)

善

羨(선) : 부러워할 선 - 양을 보고 침(氵次연)을 흐리는 모습, 여분, 나머지

예 羨望(선망)

羨

盜(도) : 훔칠 도 - 그릇에 물건을 보고 침흘림, 훔치다

예 盜賊(도적), 盜伐(도벌), 竊盜(절도)

盜

突(돌) : 갑자기 돌, 뚫을 돌 - 穴 + 犬 동굴에서 개가 갑자기 튀어나오는 모습, 뚫다, 부딪치다, 갑자기

예 突出(돌출), 突破(돌파), 突發(돌발), 唐突(당돌)

突

伏(복) : 엎드릴 복 - 사람 앞의 개, 엎드리다, 숨다

예 伏地(복지), 伏兵(복병), 伏線(복선)

伏

犯(범) : 범할 범 – 犬 + 㔾(절 ; 사람이 꿇어앉은 모습) 개가 사람에게 덤벼드는 모습, 침범하다, 거스르다, 죄를 범하다

예 犯人(범인), 犯罪(범죄), 防犯(방범)

犯									

麗(려) : 고울 려 – 한 쌍의 사슴 뿔, 아름답다, 빛나다, 짝

예 華麗(화려), 秀麗(수려), 麗句(여구)

麗									

風(풍) : 바람 풍 – 凡(범)+虫(충) 鳳(봉)과 동일자 봉황새가 날개짓하여 일어나는 것, 바람

예 風聞(풍문), 風水(풍수), 風雲(풍운)

風									

且(차) : 또 차 – 제단 앞의 위패, 祖(조)의 본래자 父(부)–祖父(조부)–曾祖父(증조부)–高祖父(고조부)처럼 이어짐, 그리고, 또, 잠시, 구차하다

예

且									

社(사) : 단체 사 – 示 + 土 토지신, 사직, 단체

예 社稷(사직), 社長(사장), 社會(사회)

社									

祝(축) : 빌 축 - 신 앞에 꿇어앉은 모습, 빌다, 기원하다, 축문

예 祝杯(축배), 祝福(축복), 慶祝(경축)

祝									

禍(화) : 재앙 화 - 신점을 쳐 나온 불길한 조짐 형태, 재앙, 재난

예 禍根(화근), 吉凶禍福(길흉화복), 禍福(화복)

禍									

福(복) : 복 복 - 제단 앞에 술병을 올리는 모양, 복을 빌다, 복

◈ 富(부), 副(부), 幅(폭), 逼(핍) 등이 유사

예 福祉(복지), 祝福(축복), 幸福(행복)

福									

富(부) : 넉넉할 부 - 집안의 술항아리, 갖추다, 풍족하다, 많다, 부자

예 富强(부강), 富貴(부귀), 豊富(풍부)

富									

副(부) : 버금 부, 도울 부 - 두 개의 술 항아리, 두 번째 것, 버금, 보좌하다, 맞다.

예 副食(부식), 副業(부업), 副作用(부작용)

副									

尊(존) : 높일 존 - 酋(추 ; 술병, 술을 나누어 주는 사람)+寸(촌), 술병을 받들어 제사를 지내는 모습, 높이 받들다, 존경하다, 술 그릇, 술잔(준)

예 尊貴(존귀), 尊卑(존비), 至尊(지존)

尊									

配(배) : 짝 배 - 酉(유 ; 술항아리)+己(꿇어앉은 사람) 술을 푸는 모습, 배합하다, 짝, 나누다, 분배하다

예 配偶者(배우자), 配合(배합), 配達(배달), 支配(지배)

配									

醫(의) : 의원 의 - 의료기구와 마취제로서의 술, 병을 고치다, 의사

예 醫學(의학), 名醫(명의), 醫藥(의약)

醫									

兵(병) : 병사 병, 무기 병 - 도끼를 든 두 손, 무기, 병기, 병사, 군대, 전쟁
◆兵(병) - 戈(과), 矛(모), 弓(궁), 矢(시)를 통틀어 이름

예 步兵(보병), 派兵(파병), 兵役(병역)

兵									

匠(장) : 자인 장 - 상자 안의 도끼, 목수, 목공, 자인

예 匠人(장인), 巨匠(거장)

匠									

所(소) : 바 소, 곳 소 - 문 앞에서 도끼를 들고 선 모습, 신성한 장소, 장소, ~하는 사람, ~하는 곳, ~하는 것의 대명사

예 場所(장소), 名所(명소), 所信(소신), 所行(소행)

所									

新(신) : 새 신 - 나무에 도끼를 들고 선 모습, 땔나무를 하다(薪 신), 새롭다, 새롭게 하다

예 新人(신인), 新舊(신구), 新鮮(신선)

新									

網(망) : 그물 망 - 糸 + 罔(망) 두 개의 막대 사이의 실망(罒), 그물, 엮다, 얽다

예 法網(법망), 網羅(망라), 網球(망구)

網									

羅(라) : 그물 라, 벌릴 라 - 罒(망) +糸 +隹 새를 잡기 위한 그물 망, 벌리다, 늘어세우다

예 羅列(나열), 森羅(삼라), 新羅(신라)

羅									

罪(죄) : 허물 죄 - 그릇됨은 망에 걸린다, 코를 베는 처벌

예 罪狀(죄상), 謝罪(사죄), 重罪(중죄)

罪									

罰(벌) : 벌 벌 – 그물에 걸려 말로 꾸짖고 체형을 가함

◆ 말로만 벌 줄 경우 詈(리) ; 꾸짖을 리

예 信賞必罰(신상필벌), 一罰百戒(일벌백계), 刑罰(형벌)

罰									

戰(전) : 싸울 전 – 單(단 ; 싸울 때의 무기)+戈(과), 싸우다

예 戰爭(전쟁), 作戰(작전), 戰戰兢兢(전전긍긍)

戰									

獸(수) : 짐승 수 – 單(단)+犬(견), 사냥하다(네발짐승), 짐승

◆ 禽(금) ; 날짐승 금(날짐승 사냥), 狩(수) : 사냥할 수(네발짐승)

예 禽獸(금수), 猛獸(맹수), 人面獸心(인면수심)

獸									

彈(탄) : 쏠 탄, 탈 탄 – 활에 매긴 탄알, 쏘다, 튀기다, 타다(현악기)

예 彈劾(탄핵), 彈琴(탄금), 彈力(탄력)

彈									

買(매) : 살 매 – 그물에 걸린 조개, 재물을 모으다, 돈을 주고 사다

예 賣買(매매), 買收(매수), 買占(매점)

買									

賣(매) : 팔 매 - 士(사)는 出(출)의 의미, 내주다, 돈을 받고 내주다, 팔다

예 賣却(매각), 賣國(매국), 賣盡(매진)

賣									

負(부) : 질 부, 믿을 부 - 人 + 貝(패), 사람이 재물을 든에 진 모습, 의지하다, 믿다, 지다

예 負擔(부담), 勝負(승부), 負債(부채)

負									

賓(빈) : 손 빈 - 宀 + 止 + 貝, 집안에서 예물을 들고 온 손님(止)을 맞는 모습, 손님

예 賓客(빈객), 貴賓(귀빈), 來賓(내빈)

賓									

寶(보) : 보배 보 - 집안에 옥, 그릇, 돈이 있는 모양. 보매, 진귀한 물건, 보물

예 寶物(보물), 家寶(가보), 寶石(보석)

寶									

賦(부) : 구실 부, 줄 부 - 무력으로 뺏는 재물, 세금, 주다(받다)

예 賦稅(부세), 賦課(부과), 賦與(부여)

賦									

戒(계) : 경계할 계 - 두 손으로 창을 잡은 모습, 경계하다, 방비하다.

예 警戒(경계), 戒律(계율), 十戒(십계)

戒									

武(무) : 무사 무, 무기 무 - 戈(과)+止(발), 창을 들고 나가다, 무기, 전쟁, 무사

예 武力(무력), 尙武(상무), 武術(무술)

武									

成(성) : 이룰 성 - 戊(무 ; 창의 모양)+丁(정), 무력으로 평정, 이루다, 성공하다, 평화, 화해

예 成功(성공), 成果(성과), 養成(양성)

成									

城(성) : 성 성 - 흙으로 이루다, 성벽, 성

◆ 안쪽 성벽 ; 城(성), 바깥쪽 성벽 : 郭(곽)

예 城郭(성곽), 干城(간성), 都城(도성)

城									

族(족) : 겨레 족 - 깃발 아래 화살, 집안, 씨족, 무리

예 家族(가족), 民族(민족), 三族(삼족)

族									

旅(여) : 나그네 려 – 깃발 아래 사람들, 군대, 무리, 나그네, 여행

예 旅行(여행), 旅路(여로), 旅程(여정)

旅									

旋(선) : 돌 선 – 깃발 아래 발의 모습, 깃발 아래서 빙빙 돌다, 돌아오다

예 凱旋(개선), 周旋(주선), 旋回(선회)

旋									

幸(행) : 다행 행 – 개가 양을 문 모습, 수갑차는 것을 면함

예 幸福(행복), 多幸(다행), 不幸(불행)

幸									

執(집) : 잡을 집 – 수갑을 찬 죄인이 꿇어앉은 모습, 죄인을 잡다, 차지하다, 책임지다

예 執行(집행), 執權(집권), 固執(고집)

執									

報(보) : 갚을 보 – 수갑 찬 사람을 눌러 앉힌 모습, 문초하다, 심판하다, 갚다, 알다, 대답하다

예 報答(보답), 報告(보고), 情報(정보)

報									

3 응용한자 연습(의미를 생각하며 쓰기)

比較(비교)					
對比(대비)					
從事(종사)					
服從(복종)					
衆生(중생)					
大衆(대중)					
信仰(신앙)					
抑制(억제)					
挾攻(협공)					
因果(인과)					
因緣(인연)					
去就(거취)					

除去(제거)

竝存(병존)

兼倂(겸병)

兌換(태환)

克服(극복)

屍體(시체)

都邑(도읍)

命令(명령)

革命(혁명)

服從(복종)

克服(극복)

奴隷(노예)

缺如(결여)

姓氏(성씨)

百姓(백성)

良妻(양처)					
妻妾(처첩)					
孕胎(잉태)					
懷孕(회잉)					
字典(자전)					
八字(팔자)					
保護(보호)					
擔保(담보)					
直接(직접)					
道德(도덕)					
陰德(음덕)					
反省(반성)					
省墓(성묘)					
視線(시선)					
坐視(좌시)					

宦路(환로)						
仕宦(사환)						
臥龍(와룡)						
臥病(와병)						
監督(감독)						
監視(감시)						
臨時(임시)						
降臨(강림)						
新聞(신문)						
所聞(소문)						
聲明(성명)						
聲援(성원)						
鼻祖(비조)						
歎息(탄식)						
消息(소식)						

姓名(성명)					
名節(명절)					
告白(고백)					
告祀(고사)					
合計(합계)					
集合(집합)					
會議(회의)					
社會(사회)					
倉庫(창고)					
穀倉(곡창)					
品質(품질)					
區別(구별)					
思索(사색)					
意思(의사)					
鬼神(귀신)					

失手(실수)						
消失(소실)						
反復(반복)						
反映(반영)						
皮革(피혁)						
皮膚(피부)						
鼓吹(고취)						
鼓舞(고무)						
敎育(교육)						
宣敎(선교)						
敗北(패배)						
勝敗(승패)						
解散(해산)						
散步(산보)						
弄談(농담)						

戲弄(희롱)					
具色(구색)					
文具(문구)					
共同(공동)					
共產(공산)					
論爭(논쟁)					
爭奪(쟁탈)					
行爲(행위)					
當爲(당위)					
君臨(군림)					
律令(율령)					
音律(음율)					
封建(봉건)					
名畫(명화)					
劃數(획수)					

權柄(권병)					
兼備(겸비)					
兼倂(겸병)					
率先(솔선)					
涉獵(섭렵)					
干涉(간섭)					
降服(항복)					
客地(객지)					
客觀(객관)					
違背(위배)					
違憲(위헌)					
範圍(범위)					
包圍(포위)					
逐出(축출)					
驅逐(구축)					

追跡(추적)					
追慕(추모)					
隱逸(은일)					
逸話(일화)					
推進(추진)					
逆境(역경)					
復古(복고)					
復活(부활)					
登用(등용)					
發射(발사)					
出發(출발)					
回春(회춘)					
朝鮮(조선)					
朝廷(조정)					
望鄉(망향)					

可望(가망)

彗星(혜성)

星霜(성상)

申告(신고)

落雷(낙뢰)

雷同(뇌동)

雪辱(설욕)

積雪(적설)

膾炙(회자)

散炙(산적)

自然(자연)

燃料(연료)

焦燥(초조)

災殃(재앙)

榮光(영광)

繁榮(번영)						
沙漠(사막)						
沙汰(사태)						
沈沒(침몰)						
沈滯(침체)						
沈默(침묵)						
永生(영생)						
派閥(파벌)						
乘客(승객)						
束縛(속박)						
結束(결속)						
刺戟(자극)						
刺殺(척살)						
音樂(음악)						
快樂(쾌락)						

喪心(상심)					
問喪(문상)					
歲暮(세모)					
季節(계절)					
年歲(연세)					
拔群(발군)					
養育(양육)					
積善(적선)					
羨望(선망)					
盜賊(도적)					
竊盜(절도)					
突破(돌파)					
唐突(당돌)					
伏地(복지)					
伏線(복선)					

犯罪(범죄)

防犯(방범)

華麗(화려)

風聞(풍문)

社稷(사직)

祝福(축복)

慶祝(경축)

禍根(화근)

禍福(화복)

福祉(복지)

祝福(축복)

富强(부강)

富貴(부귀)

副業(부업)

副作用(부작용)

尊卑(존비)					
至尊(지존)					
配偶者(배우자)					
支配(지배)					
醫學(의학)					
醫藥(의약)					
派兵(파병)					
兵役(병역)					
巨匠(거장)					
名所(명소)					
所信(소신)					
新舊(신구)					
新鮮(신선)					
網羅(망라)					
網球(망구)					

羅列(나열)					
森羅(삼라)					
罪狀(죄상)					
謝罪(사죄)					
刑罰(형벌)					
戰爭(전쟁)					
禽獸(금수)					
彈劾(탄핵)					
彈力(탄력)					
賣買(매매)					
買占(매점)					
賣却(매각)					
賣國(매국)					
負擔(부담)					
勝負(승부)					

貴賓(귀빈)					
來賓(내빈)					
寶物(보물)					
賦稅(부세)					
賦與(부여)					
警戒(경계)					
戒律(계율)					
尙武(상무)					
養成(양성)					
城郭(성곽)					
干城(간성)					
民族(민족)					
旅程(여정)					
凱旋(개선)					
周旋(주선)					

旋回(선회)					
幸福(행복)					
執行(집행)					
執權(집권)					
固執(고집)					
報答(보답)					
情報(정보)					

제4장

成語(성어)

第四章

成語(성어)

1 사자성어

苛斂誅求(가렴주구) : 苛 매울 가 斂 거둘 렴 誅 벨 주 求 구할 구

① 가혹하게 삭취하고 징수함 ② 조세를 가혹하게 징수함

苛斂誅求				

肝膽相照(간담상조) : 肝 간 간 膽 쓸개 담 相 서로 상 照 비칠 조

서로 간과 쓸개를 꺼내 보인다. 마음이 잘 맞는 절친한 사이.

肝膽相照				

艱難辛苦(간난신고) : 艱 어려울 간 難 어려울 난 辛 매울 신 苦 쓸 고

갖은 고초를 겪어 몹시 힘들고 괴로움.

艱難辛苦				

甘呑苦吐(감탄고토) : 甘 달 감 呑 삼킬 탄 苦 쓸 고 吐 토할 토

사리에 옳고 그름을 돌보지 않고, 자기 비위에 맞으면 좋아하고, 맞지 않으면 싫어함.

甘呑苦吐				

改過遷善(개과천선) : 改 고칠 개 過 지날 과 遷 옮길 천 善 착할 선

허물을 고쳐 선한 것으로 옮겨 감

改過遷善				

居安思危(거안사위) : 居 있을 거 安 편안할 안 思 생각 사 危 위태로울 위

편안히 살 때 닥쳐올 위태로움을 생각함

居安思危				

乾坤一擲(건곤일척) : 乾 하늘 건 坤 땅 곤 一 한 일 擲 던질 척

하늘과 땅을 걸고 한 번 주사위를 던진다. 곧 운명과 흥망을 하늘에 걸고 단판에 승패를 겨룸.

乾坤一擲				

隔世之感(격세지감) : 隔 사이뜰 격 世 세상 세 之 어조사 지 感 느낄 감

딴 세대와 같이 많은 변화가 있었음을 비유

隔世之感				

牽强附會(견강부회) : 牽 끌 견 强 굳셀 강 附 붙을 부 會 모일 회

억지로 말을 끌어 붙여 자기가 주장하는 조건에 맞도록 함.

牽强附會				

結者解之(결자해지) : 結 맺을 결 者 놈 자 解 풀 해 之 어조사 지

맺은 사람이 풀어야 한다는 뜻으로 일을 별여 놓은 사람이 끝을 맺어야 한다는 말.

結者解之				

結草報恩(결초보은) : 結 맺을 결 草 풀 초 報 갚을 보 恩 은혜 은

귀신이 풀을 묶어 은혜에 보답한다는 뜻으로 은혜를 꼭 갚는다는 의미.

結草報恩				

傾國之色(경국지색) : 傾 기울 경 國 나라 국 之 갈 지 色 빛 색

임금이 혹하여 나라가 뒤집혀도 모를 만한 나라 안에 으뜸가는 미인.

傾國之色				

耕當問奴(경당문노) : 耕 밭갈 경 當 당할 당 問 물을 문 奴 종 노

농사일은 머슴에게 물어야 한다는 뜻으로, 모든 일은 그 방면의 전문가에게 물음이 옳다는 뜻.

耕當問奴				

鷄口牛後(계구우후) : 鷄 닭 계 口 입 구 牛 소 우 後 뒤 후

닭의 부리가 될지언정 소의 꼬리는 되지 말라. 즉 큰 집단의 말석보다 작은 집단의 우두머리가 낫다는 뜻.

鷄口牛後				

孤軍奮鬪(고군분투) : 孤 외로울 고 軍 군사 군 奮 떨칠 분 鬪 싸움 투

수가 적고 도움이 없는 약한 군대가 강한 적과 용감하게 싸움.

孤軍奮鬪				

姑息之計(고식지계) : 姑 시어미 고, 잠시 고 息 숨쉴 식 之 갈 지 計 꾀 계

당장에 편한 것만 취하는 계책. 임시 변통이나 일시 미봉하는 계책.

姑息之計				

曲學阿世(곡학아세) : 曲 굽을 곡 學 배울 학 阿 언덕 아 世 대 세

왜곡된 학문을 하여 세속의 인기를 끌고자 함.

曲學阿世				

過猶不及(과유불급) : 過 지날 과 猶 같을 유 不 아니 불 及 미칠 급

지나친 것은 모자람만 못하다.

過猶不及				

瓜田李下(과전이하) : 瓜 오이 과 田 밭 전 李 오얏나무 리 下 아래 하

오이밭에서 신을 고쳐 신지 말고(瓜田不納履), 자두나무 아래서 갓을 고쳐 쓰지 말라(李下不整冠)의 약자로 의심나는 일을 아예 하지 말라는 뜻.

瓜田李下				

刮目相對(괄목상대) : 刮 깎을 괄 目 눈 목 相 서로 상 對 대답할 대

눈을 비비고 상대방을 본다, 남의 학식이나 재주가 놀랄 만큼 갑자기 향상됨을 일컫는 말.

刮目相對				

膠柱鼓瑟(교주고슬) : 膠 아교 교 柱 기둥 주 鼓 북 고 瑟 거물고 슬

거문고 기둥을 아교로 붙여놓고 거문고를 연주함. 즉 고지식하여 융통성이 없다는 뜻

膠柱鼓瑟				

口蜜腹劍(구밀복검) : 口 입 구 蜜 꿀 밀 腹 배 복 劍 칼 검

입속에는 꿀을 담고 뱃속에는 칼을 지녔다는 뜻.

口蜜腹劍				

群盲撫象(군맹무상) : 群 무리 군 盲 소경 맹 撫 어루만질 무 象 코끼리 상

여러 소경이 코끼리를 어루만짐. 즉 사물을 자기 주관대로 그릇 판단하거나 그 일부밖에 파악하지 못하는 좁은 식견을 비유하는 말.

群盲撫象				

權謀術數(권모술수) : 權 저울추 권 謀 꾀할 모 術 꾀 술 數 셀 수

목적 달성을 위해서는 수단·방법을 가리지 않고 때와 형편에 따라 둘러맞추는 모략이나 술책.

權謀術數				

捲土重來(권토중래) : 捲 말 권 土 흙 토 重 거듭할 중 來 올 래

흙먼지를 일으키며 다시 쳐들어온다는 뜻으로, 실패한 자가 태세를 다시 갖추어 공격해 온다는 말.

捲土重來				

錦衣夜行(금의야행) : 錦 비단 금 依 옷 의 夜 밤 야 行 다닐 행

비단옷을 입고 밤길을 돌아다닌다는 뜻, 남이 알아주지 않는 보람없는 행동.

錦衣夜行				

騎虎之勢(기호지세) : 騎 말탈 기 虎 범 호 之 갈 지 勢 기세 세

호랑이를 타고 달리는 기세라는 뜻. 곧 중도에서 그만둘 수 없는 형세.

騎虎之勢				

洛陽紙貴(낙양지귀) : 洛 물이름 락 陽 별 양 紙 종이 지 貴 귀할 귀

낙양의 종이 값이 오른다는 뜻으로 저서가 호평을 받아 베스트셀러가 됨을 의미.

洛陽紙貴				

南柯一夢(남가일몽) : 南 남녘 남 柯 가지 가 一 한 일 夢 꿈 몽

남쪽 나뭇가지의 꿈이란 뜻. 인생의 덧없음을 비유한 말.

南柯一夢				

南橘北枳(남귤북지) : 南 남녘 남 橘 귤나무 귤 北 북녘 북 枳 탱자나무 지

강남의 귤을 강북에 옮겨 심으면 탱자로 변한다. 사람은 환경에 따라 악하게도 되고 착하게도 된다는 말.

南橘北枳				

男負女戴(남부여대) : 男 사내 남 負 질 부 女 계집 녀 戴 일 대

남자는 지고 여자는 인다는 뜻으로 가난에 시달린 사람들이 살 곳을 찾아 떠돌아다니며 사는 것을 말함

男負女戴				

囊中之錐(낭중지추) : 囊 주머니 낭 中 가운데 중 之 갈 지 錐 송곳 추

주머니 속의 송곳, 재능이 뛰어난 사람은 숨어 있어도 자연히 남의 눈에 드러난다는 것을 비유.

囊中之錐				

勞心焦思(노심초사) : 勞일할 노 心 마음 심 焦 그을릴 초 思 생각 사

몹시 마음을 졸이는 것

勞心焦思				

多岐亡羊(다기망양) : 多 많을 다 岐 갈림길 기 亡 잃을 망 羊 양 양

길이 여러 갈래여서 양을 잃었다는 뜻으로, 학문하는 방법이 너무 많아 옆길로 새기 쉽기 때문에 진리에 도달하기가 어렵다.

多岐亡羊				

螳螂拒轍(당랑거철) : 螳 사마귀 당 螂 사마귀 랑 拒 막을 거 轍 수레바퀴자국 철

사마귀(螳螂)가 앞발을 들고 수레바퀴를 가로막는다, 분수를 모르고 대듦

螳螂拒轍				

大器晩成(대기만성) : 大 큰 대 器 그릇 기 晩 저물 만 成 이룰 성

큰 그릇은 이루어짐이 더디다. 크게 될 사람은 성공이 늦다는 말

大器晩成				

讀書亡羊(독서망양) : 讀 읽을 독 書 책 서 亡 잃을 망 羊 양 양

책을 읽다가 양을 잃어버림. 다른 일에 정신이 팔림

讀書亡羊				

同價紅裳(동가홍상) : 同 한가지 동 價 값 가 紅 붉을 홍 裳 치마 상

같은 값이면 품질이 좋은 것을 택한다는 말

同價紅裳				

同病相憐(동병상련) : 同 한가지 동 病 병 병 相 서로 상 憐 동정할 련

처지가 서로 비슷한 사람끼리 서로 동정하고 도움

同病相憐				

同床異夢(동상이몽) : 同 한가지 동 床 상 상 異 다를 이 夢 꿈 몽

같은 잠자리에서 꿈을 다르게 꿈. 겉으로는 같이 행동하면서 속으로는 각각 딴 생각을 함.

同床異夢				

杜門不出(두문불출) : 杜 팥배나무 두, 막을 두 門 문 문 不 아니 불 出 날 출

세상과 인연을 끊고 출입을 하지 않음

杜門不出				

登高自卑(등고자비) : 登 오를 등 高 높을 고 自 스스로 자 卑 낮을 비

높은 곳에 오르려면 낮은 곳에서부터 시작해야 함. 곧 모든 일은 순서를 밟아야 함.

登高自卑				

磨斧作針(마부작침) : 磨 갈 마 斧 도끼 부 作 만들 작 針 바늘 침

도끼를 갈아서 바늘을 만든다, 아무리 어려운 일이라도 참고 계속하면 언젠가는 반드시 성공함.

磨斧作針				

莫逆之友(막역지우) : 莫 없을 막 逆 거스를 역 之 갈 지 友 벗 우

참된 마음으로 서로 거역할 수 없이 매우 친한 벗을 말함
刎頸之交(문경지교), 金蘭之交(금란지교), 斷金之交(단금지교), 水魚之交(수어지교), 芝蘭之交(지란지교), 知己之友(지기지우), 知音(지음), 伯牙絶絃(백아절현)

莫逆之友				

望洋之嘆(망양지탄) : 望 바랄 망 洋 바다 양 之 어조사 지 歎 탄식할 탄

넓은 바다를 보고 감탄한다, 남의 원대함에 감탄하고 나의 미흡함을 부끄러워 함.

望洋之嘆				

麥秀之嘆(맥수지탄) : 麥 보리 맥 秀 빼어날 수 之 갈 지 嘆 탄식할 탄

나라가 망한 것을 한탄함.

麥秀之嘆				

面從腹背(면종복배) : 面 낯 면 從 좇을 종 腹 배 복 背 등 배

앞에서는 순종하는 체하고 속으로는 딴 마음을 먹음

面從腹背				

滅私奉公(멸사봉공) : 滅 멸망할 멸 私 사 사 奉 받들 봉 公 공변될 공

사를 버리고 공을 위하여 힘써 일함

滅私奉公				

盤根錯節(반근착절) : 盤 쟁반 반 根 뿌리 근 錯 섞일 착 節 마디 절

굽은 뿌리와 엉클어진 마디, 뒤얽혀 처리하기 어려운 일.

盤根錯節				

拔本塞源(발본색원) : 拔 뺄 발 本 밑 본 塞 막힐 색 源 근원 원

폐단의 근원을 아주 뽑아 버려 다시 고치려는 것.

拔本塞源				

百年河清(백년하청) : 百 일백 백 年 해 년 河 물 하 淸 맑을 청

백년을 기다려도 황하의 흐린 물은 맑아지지 않는다, 아무리 오래 기다려도 뜻이 이루어지기 어려운 일.

百年河清				

伯仲之勢(백중지세) : 伯 맏 백 仲 버금 중 之 갈 지 勢 기세 세

형제의 우열을 정하기 어렵다는 뜻으로 서로 비슷한 형세

伯仲之勢				

附和雷同(부화뇌동) : 附 붙을 부　和 화할 화　雷 우뢰 뇌　同 한가지 동

아무런 주견 없이 남이 하는 대로 덩달아 행동함.

附和雷同				

不問可知(불문가지) : 不 아니 불　問 물을 문　可 옳을 가　知 알 지

묻지 않아도 가히 알 수 있음

不問可知				

沙上樓閣(사상누각) : 沙 모래 사　上 위 상　樓 다락 누　閣 문설주 각

모래 위에 지은 누각. 어떤 사물의 기초가 견고하지 못하여 오래 견디지 못함.

沙上樓閣				

三旬九食(삼순구식) : 三 석 삼　旬 열흘 순　九 아홉 구　食 먹을 식

한 달에 아홉 끼를 먹을 정도로 매우 빈궁한 생활

三旬九食				

桑田碧海(상전벽해) : 桑 뽕나무 상　田 밭 전　碧 푸를 벽　海 바다 해

뽕밭이 푸른 바다가 되다, 세상의 변화가 매우 심한 것을 이름.

桑田碧海				

首丘初心(수구초심) : 首 머리 수 邱 땅 이름 구 初 처음 초 心 마음 심

여우도 죽을 때는 제가 살던 쪽으로 머리를 돌린다, 근본을 잊지 않음을 가리키는 말.

首丘初心				

菽麥不辨(숙맥불변) : 菽 콩 숙 麥 보리 맥 不 아닐 불 辨 분별할 변

콩인지 보리인지를 분별하지 못함. 곧, 사물을 잘 분별하지 못하는 어리석은 사람.

菽麥不辨				

水滴穿石(수적천석) : 水 물 수 滴 물방울 적 穿 뚫을 천 石 돌 석

떨어지는 물방울이 바위를 뚫는다.

水滴穿石				

守株待兎(수주대토) : 守 지킬 수 株 그루 주 待 기다릴 대 兎 토끼 토

어리석게 한 가지만 기다려 융통성이 없음. 노력없이 성공을 바람.

守株待兎				

脣亡齒寒(순망치한) : 脣 입술 순 亡 잃을 망 齒 이 치 寒 찰 한

입술을 잃으면 이가 시리다. 이웃나라가 망하면 자기 나라도 온전하기 어렵다는 뜻, 서로 떨어질 수 없는 밀접한 관계.

脣亡齒寒				

述而不作(술이부작) : 述 지을 술 而 말 이를 이 不 아니 불 作 지을 작

서술은 했으나 창작하지 않았다. 옛것을 토대로 자연스럽게 만들어졌다는 의미

述而不作				

十匙一飯(십시일반) : 十 열 십 匙 숟가락 시 一 한 일 飯 밥 반

여러 사람이 합심하여 한 사람을 돕는 일.

十匙一飯				

我田引水(아전인수) : 我 나 아 田 밭 전 引 끌 인 水 물 수

자기에게만 이롭게 하려는 것. ＝ 제논에 물대기

我田引水				

暗中摸索(암중모색) : 暗 어두울 암 中 가운데 중 摸 찾을 모 索 찾을 색

물건을 어둠 속에서 더듬어 찾음, 즉 어림으로 추측함

暗中摸索				

殃及池魚(앙급지어) : 殃 재앙 앙 及 미칠 급 池 못 지 魚 고기 어

불을 끄느라 연못물을 퍼다 썼더니 못의 고기가 죽었다는 뜻, 하나의 재앙이 다른 재앙을 불러옴.

殃及池魚				

哀而不備(애이불비) : 哀 슬플 애 而 말이을 이 不 아니 불 悲 슬플 비

속으로는 슬퍼하지만 겉으로는 슬픔을 나타내지 아니함

哀而不備				

語不成說(어불성설) : 語 말씀 어 不 아닐 불 成 이룰 성 說 말씀 설

하는 말이 조금도 사리에 맞지 아니함. 말이 안됨.

語不成說				

掩耳盜鈴(엄이도령) : 掩 가릴 엄 耳 귀 이 盜 훔칠 도 鈴 방울 령

귀를 가리고 방울을 훔친다, 나쁜 짓을 하면서 그 해악을 일부러 생각하지 않으려 함.

掩耳盜鈴				

易子敎之(역자교지) : 易 바꿀 역 子 아들 자 敎 가르칠 교 之 갈 지

자식을 바꾸어 가르친다, 부모가 자기 자식을 가르치기는 어렵다.

易子敎之				

易地思之(역지사지) : 易 바꿀 역 地 땅 지 思 생각할 사 之 갈 지

처지를 바꾸어서 생각하라는 말.

易地思之				

緣木求魚(연목구어) : 緣 인연 연 木 나무 목 求 구할 구 魚 고기 어

나무에 올라가서 물고기를 구함. 불가능한 일을 억지로 하려 함.

緣木求魚				

炎凉世態(염량세태) : 炎 불탈 염 凉 추울 냉 世 세상 세 態 모양 태

권세가 있을 때는 붙좇고, 권세가 없어지면 푸대접하는 세속의 인심

炎凉世態				

五里霧中(오리무중) : 五 다섯 오 里 마을 리 霧 안개 무 中 가운데 중

사방 5리가 온통 안개 속, 즉 앞길을 예측할 수 없음.

五里霧中				

吳越同舟(오월동주) : 吳 오나라 오 越 월나라 월 同 한가지 동 舟 배 주

원수인 오나라 사람과 월나라 사람이 같은 배를 탔다, 서로 미워해도 위험에 처하면 돕게 된다.

吳越同舟				

蝸角之爭(와각지쟁) : 蝸 달팽이 와 角 뿔 각 之 갈 지 爭 다툴 쟁

달팽이 뿔 위에서의 싸움, 즉 사소하고 무의미한 싸움.

蝸角之爭				

臥薪嘗膽(와신상담) : 臥 누울 와 薪 섶나무 신 嘗 맛볼 상 膽 쓸개 담

가시 나무 위에서 잠을 자고 쓴 쓸개를 핥는다, 원수를 갚기 위해 고난을 참고 견딤.

臥薪嘗膽				

欲速不達(욕속부달) : 欲 하고잘 할 욕 速 빠를 속 不 아니 부 達 통달할 달

마음이 급하다고 일이 잘 되는 게 아니다. 매사를 하나씩 차근차근 풀어나가라는 말.

欲速不達				

愚公移山(우공이산) : 愚 어리석을 우 公 공변될 공 移 옮길 이 山 뫼 산

어리석게 보이는 일도 꾸준하게 끝까지 한다면 아무리 큰 일이라도 할 수 있다

愚公移山				

牛前彈琴(우전탄금) : 牛 소 우 前 앞 전 彈 탄알(활) 탄 琴 거문고 금

소 앞에서 거문고를 탄다, 우둔한 사람에게 도리를 설명해줘도 이해하지 못하므로 헛된 일.

牛前彈琴				

羽化登仙(우화등선) : 羽 깃 우 化 될 화 登 오를 등 仙 신선 선

껍질을 벗고 날개를 달아 하늘로 올라간다, 사람이 도를 깨쳐 신선이 됨. 세상의 혼란함에서 벗어남.

羽化登仙				

韋編三絶(위편삼절) : 韋 다룸가죽 위 編 엮을 편 三 석 삼 絶 끊을 절

철한 곳이 3차례 끊어질 정도로 책을 읽음. 즉 독서를 열심히 함.

韋編三絶				

泣斬馬謖(읍참마속) : 泣 울 읍 斬 벨 참 馬 말 마 謖 일어날 속

울면서 마속을 벤다, 공정함을 지키기 위해서 사사로운 정을 버린다.

泣斬馬謖				

隱忍自重(은인자중) : 隱 숨길 은　忍 참을 인　自 스스로 자　重 무거울 중

괴로움을 감추어 참고 몸가짐을 신중히 함.

隱忍自重				

以心傳心(이심전심) : 以 써 이　心 마음 심　傳 전할 전　心 마음 심

말을 하지 않더라도 서로 마음이 통하여 앎, 心心相印(심심상인), 教外別傳(교외별전), 拈華微笑(염화미소) 拈華示衆(염화시중)

以心傳心				

二律背反(이율배반) : 二 두 이　律 법 율　背 등 배　反 되돌릴 반

꼭 같은 근거를 가지고 정당하다고 주장되는 서로 모순되는 두 명제, 또는 그 관계.

二律背反				

一魚濁水(일어탁수) : 一 한 일　魚 고기 어　濁 흐릴 탁　水 물 수

한 사람의 잘못이 여러 사람에게 미침.

一魚濁水				

一以貫之(일이관지) : 一 한 일　以 써 이　貫 꿸 관　之 갈 지

하나의 이치로서 모든 것을 꿰뚫음.

一以貫之				

日就月將(일취월장) : 日 날 일 就 이룰 취 月 달 월 將 장차 장

날로 달로 자라거나 발전함.

日就月將			

一波萬波(일파만파) : 一 한 일 波 물결 파 萬 일만 만

한 사건이 그 사건에서 그치지 않고 잇달아 많은 사건으로 번지는 것을 비유.

一波萬波			

一攫千金(일확천금) : 攫 붙잡을 확 千 천 천 金 쇠 금

힘 안 들이고 한꺼번에 많은 재물을 얻음

一攫千金			

自家撞着(자가당착) : 自 스스로 자 家 집 가 撞 칠 당 着 붙을 착

자기 언행의 전후가 모순되어 일치하지 않음.

自家撞着			

自强不息(자강불식) : 自 스스로 자 强 굳셀 강 不 아닐 불 息 숨쉴 식

스스로 최선을 다하여 힘쓰고 가다듬어 쉬지 아니함.

自强不息			

自繩自縛(자승자박) : 自 스스로 자 繩 줄 승 縛 묶을 박

자기가 만든 줄로 제 몸을 옭아 묶는다, 자신의 언행으로 말미암아 스스로 포박함.

自繩自縛				

賊反荷杖(적반하장) : 賊 도둑 적 反 되돌릴 반 荷 책망할 하 杖 지팡이 장

도둑이 도리어 매를 든다는 뜻으로 잘못한 사람이 도리어 잘한 사람을 나무라는 경경

賊反荷杖				

赤手空拳(적수공권) : 赤 붉을 적 手 손 수 空 빌 공 拳 주먹 권

맨손과 맨주먹. 아무 것도 가진 것이 없다는 뜻.

赤手空拳				

前無後無(전무후무) : 前 앞 전 無 없을 무 後 뒤 후 無 없을 무

전에도 앞으로도 없음

前無後無				

轉禍爲福(전화위복) : 轉 구를 전 禍 재화 화 爲 할 위 福 복 복

언짢은 일이 계기가 되어 오히려 좋은 일이 생김.

轉禍爲福				

切磋琢磨(절차탁마) : 切 끊을 절 磋 갈 차 琢 쫄 탁 磨 갈 마

학문이나 덕행을 힘써 닦음.

切磋琢磨				

漸入佳境(점입가경) : 漸 점점 점 入 들 입 佳 아름다울 가 境 지경 경

점점 더 재미있는 경지로 들어감

漸入佳境				

朝令暮改(조령모개) : 朝 아침 조 令 영 령 暮 저물 모 改 고칠 개

아침에 내린 영을 저녁에 고침. 곧 법령이나 명령을 자주 뒤바꿈.

朝令暮改				

走馬加鞭(주마가편) : 走 달릴 주 馬 말 마 加 더할 가 鞭 채찍 편

달리는 말에 채찍을 더함. 잘하는 사람에게 더 잘하게 하는 것. = 닫는 말에 채찍질

走馬加鞭				

指鹿爲馬(지록위마) : 指 손가락 지 鹿 사슴 록 爲 할 위 馬 말 마

윗사람을 속여 함부로 권세를 부림.

指鹿爲馬				

滄海一粟(창해일속) : 滄 찰 창 海 바다 해 粟 조 속

한없이 넓은 바다에 떠 있는 한 알의 좁쌀. 크고 넓은 것 가운데 있는 아주 작은 것을 비유하는 말.

滄海一粟				

千慮一失(천려일실) : 千 천 천 慮 생각할 려 一 한 일 失 잃을 실

여러 번 생각하여 신중하고 조심스럽게 한 일에도 때로는 실수가 있음

千慮一失				

泉石膏肓(천석고황) : 泉 샘 천 石 돌 석 膏 살찔 고 肓 명치끝 황

자연을 사랑하는 것이 병적(病的)이라 할만큼 깊다는 뜻.

泉石膏肓				

天衣無縫(천의무봉) : 天 하늘 천 衣 옷 의 無 없을 무 縫 꿰맬 봉

천사의 옷은 솔기나 바느질한 흔적이 없음. 시가나 문장 따위가 매우 자연스럽게 잘 되어 완미함을 이름. 완전 무결하여 흠이 없음을 이름.

天衣無縫				

千載一遇(천재일우) : 千 일천 천 載 실을 재 遇 만날 우

천 년에 한번 만남. 곧 좀처럼 만나기 어려운 좋은 기회.

千載一遇				

青出於藍(청출어람) : 青 푸를 청 出 날 출 於 어조사 어 藍 쪽 람

'청출어람 이청어람(青出於藍 而青於藍)'의 준말로서, 쪽에서 우러난 푸른빛이 쪽보다 낫다는 뜻. 흔히 제자가 스승보다 더 나아짐을 일컫는 뜻.

青出於藍				

針小棒大(침소봉대) : 針 바늘 침 小 작을 소 棒 몽둥이 봉 大 큰 대

바늘같이 작은 것을 곤봉같이 크게 말하다. 작은 것을 크게 과장해서 말함.

針小棒大				

他山之石(타산지석) : 他 다를 타 山 뫼 산 之 갈 지 石 돌 석

다른 산에서 나는 나쁜 돌이라도 옥돌을 가는 데 도움이 된다, 하찮은 남의 언행일지라도 자신의 수양에 도움이 됨.

他山之石				

兎死狗烹(토사구팽) : 兎 토끼 토 死 죽을 사 狗 개 구 烹 삶을 팽

교토사 주구팽(狡兎死走狗烹)'의 준말로, 토끼가 죽고 나면 토끼를 잡던 사냥개도 필요가 없게 되어 삶아 먹히게 된다. 즉, '필요한 때는 쓰고 필요 없을 때는 버리는 야박한 세정(世情)'을 비유.

兎死狗烹				

破邪顯正(파사현정) : 破 깨뜨릴 파 邪 간사할 사 顯 나타날 현 正 바를 정

그릇된 것을 깨뜨리고 올바르게 바로잡음.

破邪顯正				

下石上臺(하석상대) : 下 아래 하 石 돌 석 上 위 상 臺 돈대 대

아랫돌 빼서 윗돌 괴고 윗돌 빼서 아랫돌 괴기, 즉 임시 변통

下石上臺				

虛張聲勢(허장성세) : 虛 빌 허 張 베풀 장 聲 소리 성 勢 기세 세

허세를 부림

虛張聲勢				

2 기타성어

鷄肋(계륵) : 鷄 닭 계 肋 갈빗대 륵

닭의 갈비뼈. 발라먹을 고기는 없으나 버리기에는 아깝다.

鷄肋						

杞憂(기우) : 杞 나라이름 기 優 근심 우

기(杞)나라 사람의 어리석은 걱정. 쓸데없는 걱정이나 무익한 근심.

杞憂						

濫觴(남상) : 濫 넘칠 람 觴 술잔 상

거대한 양자강도 그 물의 근원은 불과 '술잔에 넘칠 정도의 적은 물(濫觴)'에 불과하다, 모든 사물의 시초나 근원을 이르는 말.

濫觴						

斷腸(단장) : 斷 끊을 단 腸 창자 장

창자가 끊어질 듯한 슬픔, 매우 큰 슬픔

斷腸						

桃源境(도원경) : 桃 복숭아나무 도 源 근원 원 境 지경 경

무릉도원을 일컫는 말

桃源境						

獨眼龍(독안룡) : 獨 홀로 독 眼 눈 안 龍 용 용

애꾸눈의 용, 애꾸눈의 영웅, 모자란듯 하지만 덕이 높은 사람.

獨眼龍						

墨守(묵수) : 墨 먹 묵 守 지킬 수

묵자가 끝까지 성을 지킨다. 자기의 의견 또는 소신을 굽힘이 없이 끝까지 지키는 것

墨守						

未曾有(미증유) : 未 아닐 미 曾 일찍 증 有 있을 유

지금까지 아직 한 번도 있어 본 일이 없음.

未曾有						

白眉(백미) : 白 흰 백 眉 눈썹 미

무리중에서 가장 뛰어남

白眉						

白眼視(백안시) : 眼 눈 안 視 볼 시

흰 눈으로 쳐다봄. 남을 업신여기거나 홀대함

白眼視						

私淑(사숙) : 私 사사 사 淑 맑을 숙

직접 가르침을 받지는 않았으나 마음속으로 그 사람을 본받아서 배우며 인격을 수양해 나가는 것.

私淑						

蛇足(사족) : 蛇 뱀 사 足 다리 족

뱀의 발, 쓸데없는 짓.

蛇足						

逆鱗(역린) : 逆 거스를 역 鱗 비늘 린

용의 다른 비늘과 반대로 거슬러서 난 비늘, 건드려서는 안되는 것.

逆鱗						

玉瑕(옥하) : 玉 구슬 옥 瑕 티 하

옥의 티, 아무리 훌륭한 것에도 결점은 있다. 혹은 작은 결점은 어디에나 있으니 굳이 없애려 하지 말라.

玉瑕						

知音(지음) : 知 알 지 音 소리 음

자기를 잘 알아주는 친구.

知音						

제5장

明心寶鑑

第五章

明心寶鑑

유교 학습을 위하여 중국 고전에서 선현들의 금언(金言)·명구(名句)를 뽑아 편집한 책이다.

체재는 착한 일을 한 사람에게는 복이 오고 악한 사람에게는 재앙이 내리니 끊임없이 선행을 계속해야 한다는 계선편(繼善篇) 11조, 하늘의 뜻에 따라 살아야 한다는 천명편(天命篇) 7조, 하늘로부터 주어진 천명에 따르라는 순명편(順命篇) 5조, 어버이에게 효도하라는 효행편(孝行篇) 5조, 자기 자신을 올바로 세우는 데 도움이 되는 글들을 모은 정기편(正己篇) 26조, 주어진 분수를 지켜 지금의 생활에 만족하라는 안분편(安分篇) 5조, 자신에게는 엄격하고 남에게는 관대하게 대하라는 존심편(存心篇) 21조, 본성을 지키는 방법으로서 참음을 강조하고 인정을 베풀라는 계성편(戒性篇) 9조, 학문에 부지런히 힘쓰라는 근학편(勤學篇) 8조, 자녀교육의 중요성을 강조하고 교육에 도움이 되는 글을 모은 훈자편(訓子篇) 10조, 자신의 마음을 살피기 위해 자아성찰에 도움이 되는 글을 모은 성심편(省心篇) 85조, 유교사회의 기본윤리인 삼강오륜을 비롯한 실천 윤리를 가르친 입교편(立敎篇) 10조, 정치의 요체가 애민(愛民)에 있음을 강조한 치정편(治政

篇) 8조, 집안을 다스리는 데 도움이 되는 말을 모은 치가편(治家篇) 8조, 부자・부부・형제의 관계를 인륜의 바탕으로 강조한 안의편(安義篇) 3조, 예절이 모든 사회관계의 근본이라는 준례편(遵禮篇) 6조, 말을 삼가라고 가르치는 언어편(言語篇) 7조, 좋은 벗을 사귀라는 교우편(交友篇) 8조, 부녀자의 수양을 가르친 부행편(婦行篇) 5조로 되어 있다. 이외에 판본에 따라서는 인과응보에 대한 가르침을 모은 증보편(增補篇), 효도에 대한 가르침을 노래로 지은 팔반가(八反歌), 한국의 효자들의 실화를 예로 든 속효행편(續孝行篇), 한국 사람을 예로 들어 청렴과 의리를 강조한 염의편(廉義篇), 세월의 빠름을 강조하면서 힘써 배우기를 권하는 권학편(勸學篇) 등이 붙어 있기도 하다.

〈명심보감〉은 여러 글에서 뽑아 엮은 책이므로 문장의 특성은 없으나, 다른 수신 서적들이 주로 유가(儒家) 중심인 데 비하여 도가(道家) 관계의 책들이 비교적 많이 인용되고 있다. 그리고 유가 가운데에는 공자의 말은 많이 인용되지만 맹자의 말은 거의 인용되지 않고, 주희(朱熹)를 비롯한 송대 성리학자의 글들이 많이 인용되고 있다.

'명심(明心)'은 명륜(明倫), 명도(明道)와 같이 마음을 밝힌다는 뜻이며, '보감(寶鑑)'은 보물과 같은 거울이라는 뜻이다.

1 繼善篇(계선편)

子 曰 爲善者는 天報之以福하고 爲不善者는 天報之以禍니라.

- '子'는 선생님. 여기서는 공자
- 曰은 말하다의 뜻.
- 報(갚을 보. 알릴 보) 報道 報復 報恩
- 福(복 복) ↔ 禍(재화 화) 복과 재화는 신이 내리는 것이므로 신을 뜻하는 示

漢昭烈이 將終에 勅後主曰 勿以善小而不爲하고 勿以惡小而爲之하라.

- 勅書 : 임금이 내린 문서
- 한소열 : 촉한의 소열제인 유비 현덕.
- 終 (끝내다, 여기서는 죽다의 뜻임) 終結 終末 終點
- 照 비칠 조 : 火(뜻)+昭(뜻) ※ 日(뜻)+召(음) 밝을소 : 해가 비쳐 밝다는 뜻
- 烈 매울 렬 : 列(음)+火(뜻) 불같은 열정의 맵다는 뜻. 烈女

莊子 曰 一日不念善이면 諸惡이 皆自起이니라.

- 念 생각 념 : 今+心 지금 내 마음속에 있는 것이 생각
- 莊(장엄할장) : 草(풀 초)+壯씩씩할장 풀이 우거져 울창한 모양

太公이 曰 見善如渴하고 聞惡如聾하라 又曰 善事란 須貪하고 惡事란 莫樂하라

- 渴 목마를 갈 : 水뜻+曷(어찌 갈)음 渴症(갈증) 渴望(갈망) 渴求(갈구)
- 聾 귀먹을 롱 : 龍(음)+耳(뜻) 聾啞(농아)
- 貪 탐할 탐 : 今+貝 이제 또 돈을 탐한다는 뜻에서 탐할 탐

馬援이 曰 終身行善이라도 善猶不足이오 一日行惡이라도 惡自有餘이니라.

- 援 도울 원 : 手(손)+爰(이에원) 援助 救援 援護
  ※ 비슷한 한자 暖 따뜻할 난 煖 따뜻할 난
- 餘 남을 여 : 食+余(나 여) 먹을 것이 남아 있다는 뜻

司馬溫公曰, 積金以遺子孫이라도 未必子孫이 能盡守요, 積書以遺子孫이라도 未必子孫이 能盡讀이니, 不如積陰德於冥冥之中하여 以爲子孫之計也니라.

- 司(맡을 사) 司道 司令 司令官 司法
- 積(쌓을 적) 山積 積極 積債
- 遺(남길 유) 遺言 遺物 遺跡 遺産
- 盡(다할 진) 極盡 曲盡 未盡
- 守(지킬 수) 守備 守節 攻守
- 冥(어두울 명) 冥福 冥府 冥想 冥界
- 計(셀 계, 꾀 계) 計劃 計算 計巧 計策
- 溫 따뜻할 온 : 水물을 日 해가 비치는 곳에 皿 그릇에 담아 놓으면 따뜻해진다.

景行錄에 曰 恩義를 廣施하라 人生何處不相逢가 讐怨을 莫結하라 路逢狹處면 難回避니라

- 難(어려울 난) 回 (돌 회) 處(살 처) 逢(만날 봉) 讐(원수 수)
- 廣(넓을 광) 廣場 廣大 廣告
- 施(베풀 시) 施設 布施 實施 施行
- 怨(원망 원) 怨恨 怨望 怨讐
- 狹(좁을 협) 狹小
- 避(피할 피) 避難 避暑 逃避
- 錄(기록할 록) 記錄, 收錄, 目錄

莊子 曰 於我善者도 我亦善之하고 於我惡者도 我亦善之니 我旣於人에 無惡이면 人能於我에 無惡哉인저

- 旣(이미 기) 哉(어조사 재)

東岳聖帝垂訓에 曰 一日行善에 福雖未至나 禍自遠矣오 一日行惡에 禍雖未至나 福自遠矣니 行善之人은 如春園之草하여 不見其長이라도 日有所增하고 行惡之人은 如磨刀之石하여 不見其損이라도 日有所虧이니라.

- 岳(큰산 악) 聖(성할 성) 訓(말씀 훈) 雖(비록 수) 遠(멀 원)
- 園(동산 원) 公園 農園 園藝
- 增(더할 증) 割增料金 增加
- 磨(갈 마) 硏磨 琢磨
- 損(덜 손) 損失 損害 損傷
- 虧(이그러질 휴) 虧損
- 磨刀之石 칼을 가는 돌 즉 숫돌
- 所虧 이지러지는 바. 닳아 지는 바

子 曰 見善如不及하고 見不善如探湯하라

- 探(더듬을 탐) 探究 探險 探索
- 湯(끓을 탕) 沐浴湯

2 天命篇 (천명편)

孟子 曰 順天者는 存하고 逆天者는 亡이니라

- 逆(거슬릴 역) 順 (따를 순, 순할 순) 存(있을 존)

康節邵先生이 曰 天聽이 寂無音하니 蒼蒼何處尋고 非高亦非遠이라 都只在人心이니라

- 蒼(푸를 창) 尋(찾을 심) 都 (도읍 도) 邵 (성 소)
- 寂(고요할 적) 寂寞 閑寂
- 處(살 처) 處所 傷處 近處 某處
- 遠(멀 원) 遠洋, 遠近
- 蒼 푸를 창 : 草 + 倉
- 節 절개 절 : 竹+卽 대나무에 마디 사계절 변하지 아니하므로 절개를 나타내서 절개 절

玄帝垂訓에 曰, 人間私語라도 天聽은 若雷하고 暗室欺心이라도 神目은 如電이니라.

- 聽(들을 청) 聽覺 視聽
- 雷(우뢰 뢰) 落雷 雨雷 雷雨
- 暗(어두울 암) 暗室 明暗 暗約
- 欺(속일 기) 電(번개 전) 間(사이 간) 語(말씀 어)
- 玄帝 : 道家流

益智書에 云 惡鑵이 若滿이면 天必誅之니라.

- 益(더할 익) 誅(벨 주) 智(지혜 지)

- 滿(찰 만) 滿面 充滿 豊滿
- 惡鑵 나쁜 마음
- 益智書 : 宋나라의 책이름

莊子 曰 若人作不善하여 得顯名者는 人雖不害나 天必戮之이니라.

- 莊(장엄할 장) 得(얻을 득) 顯(나타날 현) 雖(비록 수)
- 戮(죽일 륙) 殺戮
- 作(지을 작) 者 (사람 자) 害 (해할 해)
- 得顯名者 : 유명한 이름을 얻는자

種瓜得瓜오 種豆得豆니 天網이 恢恢하야 疎而不漏이니라.

- 種 심을 종 豆 콩 두 網 그물 망 恢 넓을 회 疎 성길 소
- 漏 샐 루 漏水 漏泄
- 天網 : 하늘이 악인을 잡는 그물
- 疎而 : 그물의 코가 드물어서
- 種심을종 : 禾 + 重

子 曰 獲罪於天이면 無所禱也이니라.

- 獲 얻을 획 獲得 漁獲 捕獲
- 禱 빌 도 祈禱 祝禱 默禱

3 順命篇

子 曰 死生이 有命이오 富貴在天이니라.

- 富 부자 부 富者 豊富 富裕
- 貴 귀할 귀 貴人 尊貴 貴族

萬事分已定이어늘 浮生이 空自忙이니라.

- 浮 뜰 부 浮萍草(물위에 떠 다니는 풀) 浮遊
- 忙 바쁠 망 公私多忙 忙中閑
- 浮生 : 부평초처럼 떠도는 인생. 덧없는 인생
- 定 정할 정 : 宀(집 면)+疋(발 소) 집에 들어와 발을 뻗으므로 쉴 자리를 정했다는 뜻

景行錄에 云 禍可倖免이오 福不可再求이니라.

- 禍 재앙 화 倖 요행 행
- 免 면할 면 減免 免稅
- 錄 기록할 록 記錄 錄音 登錄

時來風送滕王閣이오 運退雷轟薦福碑이니라.

- 轟 칠 굉 碑 비석 비
- 薦福碑 : 당의 李北海가 지은 천복사비
- 來올래 : 木 +人+人 사람이 나무사이에 오는 모양

列子 曰 痴聾痼啞도 家豪富오 知慧聰明도 却受貧이라 年月日時 該載定하니 算來由命不由人이니라.

- 聾 귀먹을 롱 痼 고질 고 啞 벙어리 아 豪 호걸 호 慧 밝을 혜
- 聰 귀밝을 총 該 모두 해, 그 해 載 해 재, 실을 재
- 算來 : 점을 치는 댓가지로 헤아려 봄
- 列子 : 전국시대 정나라 사람
- 貧 가난빈 : 分(나눌분)음+貝(조개)뜻 돈을 나누어 가지다
- 載 해 재, 실을 재 ※裁 마를 재 栽 심을 재 哉 어조사 재

4 孝行篇(효행편)

詩曰 父兮生我하시고 母兮鞠我하시니 哀哀父母여 生我劬勞샷다 欲報深恩인댄 昊天罔極이로다.

- 我 나 아 鞠 기를 국 哀 슬플 애 劬 힘쓸 구 報 갚을 보 深 깊을 심 昊 하늘 호 極 다할 극
- 詩 : 詩經. 삼경의 하나. 중국 최초의 시가 총집. 각 나라에서 채집한 민요 삼천여편중에서 공자가 삼백오편을 뽑아 엮은 책
- 罔極 : 다함이 없음. 부모님의 은혜가 커서 다 갚을 수 없음
- 哀哀 : 감탄사.
- 罔 없을 망 ※亡 망할 망 忘 잊을 망 網 그물 망

子曰 孝子之事親也에 居則致其敬하고 養則致其樂하고 病則致其憂하고 喪則致其哀하고 祭則致其嚴이니라

- 親 어버이 친 致 이를 치 敬 공경 경
- 養 봉양할 양, 기를양 奉養 養育 素養
- 憂 근심 우 憂患 內憂外患
- 喪 잃을 상, 죽을 상 初喪
- 祭 제사 제 時祭 祭祀 祝祭

- 嚴 엄숙할 엄 嚴格 嚴肅 嚴正 威嚴
- 孝 효도효 : 耂 + 子 노인을 아들이 업고 가므로 효자
- 病 병병 : 疒 + 丙
- 憂 근심 우 ※優 넉넉할 우

子 曰 父母材어시든 不遠遊하며 遊必有方이니라

- 遠 멀 원 遊 놀 유 遊覽船 遊學 遊興地
- 遠遊 : (학업 또는 여행을 위해) 먼 곳에 감
- 親 (어버이)와 친한 사람은 얼굴을 자주 뵈므로 見이 들어감

子 曰 父命召어시든 唯而不諾하고 食在口則吐之이니라.

- 吐 토할 토 : 口 + 土
- 唯 빨리 대답할 유 : 口+隹 ※ 惟오직유 維벼리유

太公이 曰 孝於親이면 子亦孝之하나니 身旣不孝면 子何孝焉이리오.

- 旣 이미 기 焉 어조사 언

孝順은 還生孝順子요 忤逆은 還生忤逆者하나니 不信커든 但看簷頭水하라 點點滴滴不差異이니라.

- 點點滴滴 낙숫물이 떨어지는 모양
- 還 도로 환 還元 還生 返還 循環
- 順 순할 순 順從 順次 筆順
- 逆 거스릴 역 拒逆簷 順逆 逆謀 逆順
- 簷 처마 첨 點 점 점 差 어긋날 차
- 信 믿을 신 : 人 + 言 사람은 말에 믿음이 있어야 한다
- 頭 머리 두 : 豆 +頁
- 滴 물방울 적 : 水 +啇 ※適 갈 적 摘 딸 적 敵 대적할 적
- 但 다만 단 : 人 + 旦(아침 단)

5 正己篇(정기편)

性理書에 云 見人之善而尋己之善하고 見人之惡而尋己之惡이니 如此면 方是有益이니라

- 尋 찾을 심, 깊을 심 此 이 차 益 더할 익
- 하늘이 부여한 것을 命이라 하고, 이를 받아 내게 있는 것을 性

景行錄에 云 大丈夫當容人이언정 無爲人所容이니라.

- 錄 기록할록 ※綠푸를록 祿녹록
- 丈 어른 장, 길이 장 丈人
- 當 마땅 당 當然(당연)
- 容 용납할 용, 얼굴 용, 용모 용 容恕 美容 容貌 內容 容人
- 人所容 : 남이 용서하는 바, 곧 남에게 용서받을 일을 하지 않아야 함.

太公이 日 勿以貴己而賤人하고 勿以自大而蔑小하고 勿以恃勇而輕敵이니라.

- 貴 귀할 귀 蔑 업신여길 멸 恃 믿을 시 勇 날랠 용
- 輕 가벼울 경 : 車 +巠 수레에 싣고 가니 가볍다. ※逕 좁은길 경 輕 가벼울 경 徑지름길 경
- 賤 천할 천 : ※踐 밟을 천 淺 얕을 천
- 敵 적 적 : 막대를 들고 치다는 뜻 ※適 갈 적 滴 물방울 적 摘 딸 적
- 自大 : 스스로 큰척하고 자만함

馬援이 日 聞人之過失이어든 如聞父母之名하야 耳可得聞이언정 口不可得言也이니라

- 援 도울 원 聞 들을 문
- 耳可得聞 : 귀로는 들을 수 있음

康節邵先生이 曰 聞人之謗이라도 未嘗怒하며 聞人之譽라도 未嘗喜며 聞人之惡이라도 未嘗和하며 聞人之善則就而和之하고 又從而喜之이니라 其詩에 曰 樂見善人하고 樂聞善事하며 樂道善言하며 樂行善意하고 聞人之惡이어든 如負芒刺하고 聞人之善이어든 如佩蘭蕙이니라

- 康 편안 강 節 절개 절 邵 성씨 소 謗 꾸짖을 방 嘗 일찍 상 怒 성낼 노 譽 명예 예 喜 기쁠 희 和 화할 화 就 나아갈 취 從 따를 종 負 질 부 芒 가시 망 刺 가시 자 佩 찰 패 蘭 난초 란 蕙 혜초 혜
- 未嘗和 : 곧 화하지 말며. 和는 응하다. 따르다
- 就而和之 : 나아가서 그와 어울림
- 蘭蕙 : 향기 나는 풀
- 怒 성낼 노 : 奴(종 노)+心 ※ 奴종노 恕용서할서
- 從 따를 종 : 간다는 뜻의 彳이 들어감

道吾善者는 是吾敵이오 道吾惡者는 是吾師이니라

- 敵(적 적, 해칠 적) 惡(악할 악, 미워할 오) 道 말할 도, 길 도, 도리 도
- 敵 적 적 : 막대를 들고 치다는 뜻 ※ 適 갈 적 滴 물방울 적 摘 딸 적

太公이 曰勤爲無價之寶오 愼是護身之符이니라

- 無價 : 돈을 들일 필요가 없는 부지런함은 성공의 비결이므로 보배라고 표현함.
- 勤 (부지런할 근) 價 (값 가) 愼(삼갈 신) 護(보호할 호)
- 寶 보배 보 : 宀 + 玉 + 缶(장군부) + 貝

景行錄에 曰 保生者는 寡慾하고 保身者는 避名이니 無慾은 易나 無名은 難이니라

- 保生者 : 삶을 안전하게 보전하는 사람
- 無名은 難 : 이름이 세상에 나는 것을 없애기는 어렵다.
- 保(보전할 보) 寡(적을 과)
- 避(피할 피) 難(어려울 난)

子 曰 君子가 有三戒하니 少之時엔 血氣未定이라 戒之在色하고 及其長也하얀 血氣方剛이라 戒之在鬪하고 及其老也하얀 血氣旣衰라 戒之在得이니라

- 君子 : 知德을 겸비한 훌륭한 남자.
- 血氣 : 격동하기 쉬운 의기
- 色 : 여자를 말함
- 得 : 욕심, 재물, 名利
- 君(임금 군, 군자 군) 戒(경계할 계) 時(때 시) 氣(기운 기)
- 及(미칠 급) 波及 遡及
- 剛(굳셀 강) 剛直 剛性
- 鬪(싸울 투) 戰鬪 鬪爭
- 旣(이미 기) 旣決) 旣婚 旣成服
- 衰(쇠할 쇠) 興亡盛衰 衰退

孫眞人養生命에 云 怒心偏傷氣오 思多太損神이라 神疲心易役이오 氣弱病相因이라 勿使悲歡極하고 當令飮食均하며 再三防夜醉하고 第一戒晨嗔하라

- 孫(손자 손) 眞(참 진) 養(기를 양) 怒(성낼 노) 偏(치우칠 편) 傷(상할 상) 太(클 태) 損(덜 손) 神(귀신 신) 疲(피곤할 피) 役(부릴 역) 弱(약할 약) 使(하여금 사) 悲(슬플 비) 歡(기쁠 환) 極 (다할 극) 均(고를 균) 醉 (취할 취)
- 孫眞人 : 道家類
- 眞人 : 참된 도를 체득한 사람. 남자의 仙人을 말함
- 養生銘 : 생명을 기르는 데 유의해야 할 것을 적은 글

- 嗔 성낼진 : 口 + 眞(참진) ※愼 삼가할신
- 悲 슬플비 : 非 +心
- 晨 새벽신 : 해가 나오고 별이 들어가므로 새벽이다

景行錄에 曰 食淡精神爽이오 心淸夢寐安이니라.

- 淡(맑을 담, 묽을 담) 精(정기 정) 爽(상쾌할 상)
- 夢(꿈 몽) 胎夢 夢中
- 寐(잠잘 매) 夢寐 寤寐不忘
- 淸 맑을 청 : 水+靑 물이 푸르니 맑다.

定心應物하면 雖不讀書라도 可以爲有德君子이니라

- 應(응할 응) 雖(비록 수) 讀(읽을 독) 德(덕 덕)

近思錄에 云 懲忿을 如救火하고 窒慾을 如防水하라

- 懲 징계할 징 懲戒
- 忿 분할 분 忿怒
- 窒 막을 질 窒素 窒酸 窒急 窒塞
- 慾 욕심 욕 防 막을 방
- 懲忿 : 분한 것을 참음
- 救火 : 불을 끔
- 窒慾 : 욕심을 막음
- 近思錄 : 송나라때 주자와 제자 여조겸이 학자들의 금언을 모아 엮은 책
- 忿 분할 분 : 分 + 心 ※憤 성낼 분

夷堅志에 云 避色을 如避讐하고 避風을 如避箭하며 莫喫空心茶하고 少食中夜飯하라

- 夷(오랑캐 이) 堅(굳을 견) 避(피할 피) 讐(원수 수) 風(바람 풍) 箭(화살 전) 喫(먹을 끽) 茶(차 다) 飯(밥 반)

- 夷堅志 : 宋代 洪邁(홍매)가 지은 것으로 신선과 귀신의 이야기를 잡록한 책

荀子가 曰 無用之辯과 不急之察을 棄而勿治하라

- 辯(말잘할 변) 急(급할 급) 察(살필 찰) 棄(버릴 기)

子 曰 衆이 好之라도 必察焉하며 衆이 惡之라도 必察焉이니라

- 衆(무리 중) 好(좋을 호) 察(살필 찰) 焉(어조사 언)
- 惡(악할 악, 미워할 오) 善惡 憎惡 嫌惡

酒中不語는 眞君子오 財上分明은 大丈夫이니라

- 眞(참 진) 財(있을 재) 酒(술 주) 語(말씀 어) 君(임금 군) 丈(어른 장, 길이 장)
- 財上 : 재물에 대하여

萬事從寬이면 其福自厚이니라

- 萬(일만 만) 福(복 복) 厚(두터울 후)
- 寬(너그러울 관) 寬容 寬厚
- 從寬 : 너그러움을 따름. 너그럽게 처리함

太公이 曰 欲量他人인댄 先須自量하라 傷人之語는 還是自傷이니 含血噴人이면 先汚其口이니라

- 欲(하고자할 욕) 量(헤아릴 량) 他(다를 타) 須(모름지기 수) 傷(상할 상) 還(돌아올 환) 噴(뿜을 분) 汚(더러울 오)
- 還是自傷 : 도리어 자신을 상하게 함
- 含血噴人 : 피를 머금어서 남에게 뿌리면
- 先汚其口 : 먼저 그 입이 더러워짐

凡戱는 無益이오 惟勤이 有功이니라

- 戲(희롱 희) 益(더할 익) 惟(오직 유) 勤(부지런할 근)

太公이 **曰 瓜田**에 **不納履**하고 **李下**엔 **不正冠**이니라

- 瓜(외 과) 納(맬 납) 履(신 리) 李(오얏 리. 오얏=자두) 冠(갓 관)

景行錄에 **曰 心可逸**이언정 **形不可不勞**오 **道可樂**이언정 **心不可不憂**니 **形不勞則怠惰易弊**하고 **心不憂則荒淫不定故**로 **逸生於勞而常休**하고 **樂生於憂而無厭**하나니 **逸樂者**는 **憂勞**를 **豈可忘乎**아

- 逸(편안 일) 形(꼴 형) 勞(수고로울 로) 憂(근심 우) 怠(게으를 태) 惰(게으를 타) 弊(폐단 폐) 荒(거칠 황) 淫(음란할 음) 故(연고 고) 常(항상 상) 憂(근심 우) 無(없을 무) 厭(싫을 염) 豈(어찌 기) 忘(잊을 망)
- 憂 근심 우 : 마음에 근심하므로 心이 들어감 ※優 넉넉할 우
- 忘 잊을 망 : 亡 + 心
- 怠 게으를 태 : 마음에 게으름을 피우므로 心이 들어감

景行錄에 **云 耳不聞人之非**하고 **目不視人之短**하고 **口不言人之過**라야 **庶幾君子**이니라

- 聞(들을 문) 非(그릇 비) 視(볼 시) 短(짧을 단) 過(허물 과, 지날 과) 庶(뭇 서) 幾(몇 기, 거의 기)

蔡伯喈 曰 喜怒는 **在心**하고 **言出於口**하나니 **不可不愼**이니라

- 蔡伯喈 : 後漢의 학자
- 怒 성낼 노 : 奴 + 心 大怒 ※奴 종 노 恕 용서할 서
- 喈 새소리 개 : 口 + 皆

宰予 晝寢이어늘 **子 曰 朽木**은 **不可雕也**오 **糞土之墻**은 **不可圬也**이니라

- 宰(재상 재) 晝(낮 주) 寢(잠잘 침) 朽(썩을 후) 雕(다듬을 조)

- 糞(썩을 분) 墻(담 장) 圬(흙손 오)
- 糞土 : 썩은 흙

紫虛元君 誠諭心文에 曰 福生於清儉하고 德生於卑退하고 道生於安靜하고 命生於和暢하고 憂生於多慾하고 禍生於多貪하고 過生於輕慢하고 罪生於不仁이니 戒眼莫看他非하고 戒口莫談他短하고 戒心莫自貪嗔하고 戒身莫隨惡伴하고 無益之言을 莫妄說하고 不干己事를 莫妄爲하고 尊君王孝父母하며 敬尊長奉有德하고 別賢愚恕無識하고 物順來而勿拒하며 物旣去而勿追하고 身未遇而勿望하며 事已過而勿思하라 聰明도 多暗昧오 算計도 失便宜이니라 損人終自失이오 依勢禍相隨라 戒之在心하고 守之在氣라 爲不節而亡家하고 因不廉而失位이니라 勸君自警於平生하나니 可歎可警而可思이니라 上臨之以天鑑하고 下察之以地祇라 明有王法相繼하고 暗有鬼神相隨라 惟正可守요 心不可欺니 戒之戒之하라

- 紫虛元君 : 道家類
- 和暢 : 마음이 부드럽고 밝음
- 暗昧 : 어둡고 어리석음
- 輕慢 : 가볍고 거만함
- 失便宜 : 좋은 때를 놓침
- 因不廉而失位 : 청렴하지 않기 때문에 지위를 잃음
- 物順來而勿拒 : 순리대로 오는 물건은 거절하지 말라.
- 損人終自失 : 남에게 손해를 끼치면 마침내 자신이 손해를 봄
- 紫(자주빛 자) 虛(빌 허) 誠(성품 성) 諭(고할 유) 儉(검소할 검) 卑(낮을 비) 退(물러날 퇴) 靜(고요할 정) 暢(화창할 창) 慾(욕심 욕) 慢(거만할 만) 談(말씀 담) 嗔(성낼 진) 隨(따를 수) 伴(짝 반) 賢(어질 현) 愚(어리석을 우) 恕(용서할 서) 聰(귀밝을 총) 昧(어두울 매) 勢(형세 세) 禍(재화 화) 臨(임할 림) 鑑 (거울 감) 祇(땅귀신 기) 繼(이을 계)

- 多貪 : 재물을 탐함이 많음
- 嗔 성낼 진 : 口 + 眞(참 진) ※愼 삼갈 신
- 眼 눈 안 : 目 + 艮(머무를 간)

6 安分篇(안분편)

景行錄에 云 知足可樂이오 務貪則憂이니라

- 錄(기록할 록) 憂(근심 우)
- 務(힘쓸 무) 務實力行 勤務 責務 勞務

知足者는 貧賤亦樂이오 不知足者는 富貴亦憂이니라

- 不知足者 : 만족할 줄 모르는 사람
- 賤(천할 천) 賤民 貧賤 卑賤 貴賤
- 樂(즐거울 락) 憂(근심 우)

濫想은 徒傷神이오 妄動은 反致禍이니라

- 濫(넘칠 람) 禍(재화 화) 妄(망령될 망)
- 濫想 : 분수에 넘치는 생각. 외람된 생각

知足常足이면 終身不辱하고 知止常止면 終身無恥이니라

- 終 마칠 종, 끝 종 辱 욕될 욕 常 항상 상 恥 부끄러울 치
- 知止 : 그칠 때를 안다.

書에 曰滿招損하고 謙受益이니라

- 滿 가득할 만 滿面 滿場

- 招 부를 초 招待 招聘 招請
- 損 덜 손 損益 損傷 毁損 損害
- 謙 겸손 겸 謙遜 謙讓
- 益 더할 익

安分吟에 曰 安分身無辱이오 知幾心自閑이니 雖居人世上이나 却是出人間이니라

- 却是出人間 : 신선의 세계
- 吟 읊을 음 吟風弄月 吟遊詩人
- 辱 욕될 욕 雖비록 수
- 幾 몇 기, 거의 기 幾何級數
- 安分 : 편안한 마음으로 분수를 지킴

子 曰 不在其位면 不謀其政이니라

7 存心篇(존심편)

景行錄에 云 坐密室을 如通衢하고 馭寸心을 如六馬하면 可免過이니라

- 衢 네거리 구 ※懼 두려울 구 馭 부릴 어

擊壤詩에 云 富貴를 如將智力求인댄 仲尼年少合封侯니라 世人은 不解青天意하고 空使身心半夜愁이니라

- 擊 칠 격 壤 흙 양 詩 글 시 尼 여승 니 封 봉할 봉 解 풀 해 使 하여금 사 愁 근심 수
- 合封侯 : 합당히 제후에 봉하여졌다.

- 半夜 : 한밤중
- 擊壤詩 : 송나라 때 소옹이 엮은 격양집에 실려 있음

范忠宣公이 戒子弟 曰 人雖至愚나 責人則明하고 雖有聰明이나 恕己則이니 爾曹는 但當以責人之心으로 責己하고 恕己之心으로 恕人則不患不到聖賢地位也이니라

- 范 성 범 雖 비록 수 愚 근심 우 爾 너 이
- 聰 귀밝을 총 聰明
- 聖 성인 성 聖人 神聖
- 賢 어질 현 賢人 賢明 聖賢
- 范忠宣公 : 북송 철종의 재상.
- 但 다만 단 : 人 + 旦(아침단)

子 曰 聰明思睿라도 守之以愚하고 功被天下라도 守之以讓하고 勇力振世라도 守之以怯하고 富有四海라도 守之以謙이니라

- 睿 밝을 예 愚 어리석을 우
- 讓 사양할 양 讓步 辭讓
- 振 떨칠 진 振子 振動 振幅 振興
- 怯 겁낼 겁 卑怯 魂怯 怯弱
- 謙 겸손 겸 謙讓 謙遜
- 勇力振世 : 용맹스런 힘이 세상에 떨침
- 富有四海 : 온 天下를 소유함
- 被 입을 피 : 衣 + 皮(가죽피) 彼 저 피 疲 피곤할 피 被服 被害

素書에 云 薄施厚望者는 不報하고 貴而忘賤者는 不久니라

- 素 본래 소 薄 엷을 박 厚 두터울 후 報 갚을 보 賤 천할 천
- 久 오랠 구 永久 耐久 長久 悠久
- 素書 : 진나라 때 황석공이 장량에게 준 병서 흔히 黃石公素書라고함

施恩勿求報하고 與人勿追悔하라

- 施 베풀 시 忠 충성 충 宣 베풀 선 公 여러 공 恩 은혜 은
- 報 갚을 보, 알릴 보 報償 報恩 報道 速報
- 追 쫓을 추 追跡 追越 追憶
- 悔 뉘우칠 회 後悔 悔恨
- 追悔 : 추후로 후회함.

孫思邈이 曰 膽欲大而心欲小하고 知欲圓而行欲方이니라

- 邈 멀 막 膽 쓸개 담 膽力(담력)
- 圓 둥글 원 圓滿(원만)
- 孫思邈 : 당나라의 유명한 의원
- 心欲小 : 마음은 세밀해야함
- 行欲方 : 행동은 모져야함. 방정해야 함

念念要如臨戰日하고 心心常似過橋時이니라

- 臨 임할 림 戰 싸움 전 過 지날 과 橋 다리 교 時 때 시

懼法朝朝樂이오 欺公日日憂이니라

- 懼 두려울 구 法 법 법 欺 속일 기 憂 근심 우
- 懼法 : 나라 법을 두려워 함
- 欺公 : 나라를 속임
- 日日憂 : 날마다 근심함

朱文公이 曰守口如甁하고 防意如城하라

- 甁 병병 : 幷(나란히병) + 瓦(기와와) 花甁
- 防 막을 방 意 뜻 의
- 防意如城 : 나쁜 뜻 막기를 성 막는 듯하라

- 城 성곽 성(재성) : 土 + 成(이룰성)
- 朱文公 : 주자. 남송의 학자 이름은 熹 호는 회암. 성리학을 대성시켰음

心不負人이면 面無慙色이니라

- 負 질 부 負擔 勝負 負債 慙 부끄러울 참
- 負人 : 남을 저버림

人無百歲人이나 枉作千年計이니라

- 歲 해 세, 枉 굽을 왕, 헛될 왕, 計 셀 계, 꾀 계, 無 없을 무

寇萊公이 六悔銘에 云 官行私曲 失時悔오 富不儉用 貧時悔오 藝不少學 過時悔오 見事不學 用時悔오 醉後狂言 醒時悔오 安不將息 病時悔이니라

- 私曲 : 不正. 非行 사사로운 욕심 때문에 비리를 저지름
- 失時悔 : 벼슬을 잃었을 때 뉘우침
- 狂言 : 주책없는 말
- 寇萊公 : 송나라의 재상
- 寇 도적 구 萊 쑥 래
- 悔 뉘우칠 회 後悔 悔恨
- 藝 재주 예 藝術 技藝 文藝
- 醉 취할 취 醉客 滿醉 醉中
- 狂 미칠 광 狂人 狂犬病
- 醒 깰 성 覺醒
- 息 쉴 식 : 自+心 자신이 편히 쉬면 마음이 편안하다

益智書에 云 寧無事而家貧이언정 莫有事而家富오 寧無事而住茅屋이언정 不有事而住金屋이오 寧無病而食麤飯이언정 不有病而服良藥이니라

- 智 지혜 지, 寧 편안할 녕, 차라리 령, 貧 가난 빈, 茅 띠 모, 藥 약 약
- 寧 ~ 莫~ : 차라리 ~할지언정, 차라리 ~ 한 것이 낫다.
- 服 : 먹을 복, 입을 복
- 茅屋 : 초가집, 띠 집
- 金屋 : 좋은 집

心安茅屋穩이오 性定菜羹香이니라

- 茅 띠 모 穩 편안할 온 菜 나물 채 羹 국 갱
- 菜羹 : 나물국
- 屋집옥 : 尸(굴집을 나타냄)+至(이를지)

景行錄에 云 責人者는 不全交오 自恕者는 不改過이니라

- 錄 기록할 록 過 지날 과, 허물 과
- 責人者 : 남을 잘 꾸짖는 자
- 不全交 : 사람을 온전히 사귀지 못함

夙興夜寐하야 常思忠孝者는 人不知나 天必知之오 飽食煖衣하야 怡然自衛者는 身雖安이나 其如子孫에 何오

- 夙 일찍 숙 興 일어날 흥, 흥할 흥 寐 잘 매 怡 화할 이, 기쁠 이 雖 비록 수
- 飽 배부를 포 : 食 + 包(쌀 포) ※胞 세포 포 砲 대포 포
- 煖 따뜻할 난 : 火 + 爰 ※暖 따뜻할 난
- 衛 지킬 위 : 行 + 韋(가죽 위) ※偉 클 위 緯 씨줄 위 違 어긋날 위 危 두를 위
- 夙興 : 일찍 일어남
- 飽食煖衣 : 배부르게 먹고 따뜻하게 옷 입음
- 怡然 : 즐거워하는 모양
- 其如子孫에 何오 : 그 자손을 어찌 하리오.

以愛妻子之心으로 事親則曲盡其孝오 以保富貴之心으로 奉君則無往

不忠이오 以責人之心으로 責己則寡過오 以恕己之心으로 恕人則全交이니라

- 愛 사랑 애 妻 아내 처 盡 다할 진
- 保 보전할 보 保護 保全 保衛
- 寡 적을 과 寡少 寡婦
- 衆寡不敵(중과부적 : 적은 수효로는 많은 수를 대적하지 못함)
- 曲盡 : 극진함
- 無往不忠 : 충성 아니됨이 감이 없음

爾謀不臧이면 悔之何及이며 爾見不長이면 敎之何益이리오 利心專則背道오 私意確則滅公이니라

- 爾 너 이 臧 어질 장
- 謀 꾀할 모 : 言 + 某(아무 모) 어떤 일을 하려고 할 때는 말을 해야 하므로 言이 들어감 ※模 본뜰 모 暮 저물 모(해가 없어지니 저물 모) 募 모을 모
- 爾謀 : 너의 꾀함. 도모함
- 私意 : 자기만을 위한 이기적인 마음
- 滅公 : 여러 사람의 이익을 없앰
- 慕 사모할 모(마음속으로 그리워하니 사모할 모)

生事事生이오 省事事省이니라

- 省 덜 생, 살필 성 : 적은 것 까지 눈으로 살핌 省略 反省 省察

8 戒性篇(계성편)

景行錄에 云 人性이 如水하야 水一傾則不可復이오 性一縱則不可反이니 制水者는 必以堤防하고 制性者는 必以禮法이니라

- 傾 기울 경 : 人 + 頃(이랑 경)
- 縱 놓을 종, 세로 종 : 糹(실 사) + 從(따를 종) 縱列 縱橫 縱橫無盡
- 制 법도 제 制度 法制 制式
- 防 막을 방 國防 防水 防衛
- 禮 예도 례 禮度 禮法 禮式 缺禮 儀禮
- 不可反 : 돌이킬 수 없음
- 制水者 : 물을 단속하는 사람

忍一時之忿이면 免百日之憂이니라

- 忍 참을 인 : 刃(칼날 인) + 心 忍耐 ※認 알 인
- 忿 분할 분 : 忿怒 ※憤 성낼 분
- 憂 근심 우 憂慮 ※優 넉넉할 우

得忍且忍이오 得戒且戒하라 不忍不戒면 小事成大이니라

- 得忍 : 참음을 얻음. 참을 줄을 앎
- 得 얻을 득
- 戒 경계할 계 : 廾(받쳐들 공) + 戈
- 成 이룰 성 ※城 재 성 盛성할 성 誠정성 성

愚濁生嗔怒는 皆因理不通이라 休添心上火하고 只作耳邊風하라 長短은 家家有오 炎涼은 處處同이라 是非無相實하야 究竟摠成空이니라

- 愚濁 : 어리석고 어두운 사람
- 生嗔怒 : 성 내는 것
- 愚 어리석을 우 愚劣 ※遇 만날 우 禹 우임금우 隅모퉁이우
- 濁 흐릴 탁 混濁
- 添 더할 첨 添加
- 邊 가 변 周邊(주변)
- 摠 다 총 ※總 다 총 聰귀밝을 총
- 凉 서늘할 량 : 冫(얼음 빙)뜻+京

子張이 欲行에 辭於夫子할세 願賜一言이 爲修身之美하노이다 子曰 百行之本이 忍之爲上이리니 子張이 曰 何爲忍之닛고 子曰 天子 忍之면 國無害하고 諸侯 忍之면 成其大하고 官吏 忍之면 進其位하고 兄弟 忍之면 家富貴하고 夫妻 忍之면 終其世하고 朋友 忍之면 名不廢하고 自身이 忍之면 無禍害이니라

- 子張 : 공자의 제자
- 辭於夫子 : 공자에게 하직 인사할 새
- 夫子 : 선생님. 여기서는 공자를 말함
- 諸侯 : 중국의 고대 봉건제도 하에서 천자로부터 봉함을 받아 일정한 지역을 다스림
- 辭 하직할 사, 말씀 사, 사양할 사 賜 줄 사 修 닦을 수 侯 제후 후 禍 재화 화
- 願 원할 원 : 原 + 頁(머리 혈)
- 友 벗 우 : 두 사람이 손을 잡은 모양
- 進 나아갈 진 進出 漸進 進退

子張이 曰不忍則如何닛고 子曰 天子不忍이면 國空虛하고 諸侯 不忍이면 喪其軀하고 官吏不忍이면 刑法誅하고 兄弟不忍이면 各分居하고 夫妻不忍이면 令子孤하고 朋友不忍이면 情意疎하고 自身이 不忍이면 患不除

니라 子張이 曰 善哉善哉라 難忍難忍이며 非人不忍이오 不忍非人이로다

- 刑法誅 : 형법에 의해서 벌을 받음
- 虛 빌 허 侯 제후 후 軀 몸 구 誅 벨 주 疎 성길 소 除 덜 제 哉 어조사 재 難 어려울 난

景行錄에 云 屈己者는 能處衆하고 好勝者는 必遇敵이니라

- 錄 기록할 록 處 살 처 勝 이길 승 遇 만날 우 敵 적 적
- 敵 적 적 : 敵手 對敵 ※適 갈 적 滴 물방울 적 摘 딸 적

惡人이 罵善人커든 善人은 摠不對라 不對면 心淸閑이오 罵者는 口熱沸라 正如人唾天하야 還從己身墜이니라

- 不對 : 대꾸하지 않음
- 正如 : 마치 ~ 같다.
- 罵 꾸짖을 매 摠다 총 熱 더울 열
- 沸 끓을 비 沸騰點 沸騰(물이 끓음.여론이 끓어오름)
- 唾 침 타 唾液
- 還 도로 환 還元 還生 歸還 返還
- 墜 떨어질 추 墜落 失墜

我若被人罵라도 佯聾不分說하라 譬如火燒空하야 不救自然滅이라 我心은 等虛空이어늘 摠爾飜脣舌이니라

- 譬如 : 비유컨대 ~과 같다.
- 罵 꾸짖을 매 滅 꺼질 멸 爾 너 이
- 燒 불탈 소 燃燒 燒却
- 飜 뒤집을 번 飜譯 飜覆
- 聾 귀먹을 롱 : 龍(용 룡) + 耳

凡事에 留人情이면 後來에 好相見이니라

- 好相見 : 서로 좋은 얼굴로 보게됨
- 留 머무를 류 停留場
- 情 뜻 정

9 勤學篇

子 曰 博學而篤志하고 切問而近思면 仁在其中矣이니라

- 切問而近思 : 간절하게 묻고서 잘 생각해 보면
- 博 넓을 박 博識 博士
- 篤 돈독할 독 敦篤

莊子 曰 人之不學은 如登天而無術하고 學而智遠이면 如披祥雲而覩青天하고 登高山而望四海이니라

- 智遠 : 지혜가 멀리까지 미침
- 術 재주 술 遠 멀 원 披 헤칠 피 祥 상서로울 상 覩 볼 도

禮記에 曰 玉不琢이면 不成器하고 人不學이면 不知義이니라

- 禮 예도 례
- 琢 쫄 탁 切磋琢磨
- 器 그릇 기
- 義 옳을 의 正義 義人

太公이 曰 人生不學이면 如冥冥夜行이니라

- 冥 어두울 명

韓文公이 曰 人不通古今이면 馬牛而襟裾이니라

- 韓文公 : 당나라의 학자. 이름은 유(愈)
- 通통할 통 襟옷깃 금 裾 옷섶 거

朱文公이 曰 家若貧이라도 不可因貧而廢學이오 家若富라도 不可恃富而怠學이니 貧若勤學이면 可以立身이오 富若勤學이면 名乃光榮이니라 惟見學者顯達이오 不見學者無成이니 學者는 乃身之寶오 學者는 乃世之珍이라 是故로 學則乃爲君子오 不學則爲小人이니 後之學者는 宜各勉之니라

- 顯達 : 출세함
- 宜各勉之 : 마땅히 각자 힘써야 함
- 廢 폐할 폐 恃 믿을 시 怠 게으를 태 勤 부지런할 근 顯 나타날 현 達 달할 달 寶 보배 보 宜 마땅 의 勉 힘 쓸 면 寶 보배 보
- 榮 영화 영 : 나무에 꽃이 피어 화려한 모양
- 怠 게으를 태 : 마음에 게으름을 피우므로 心이 들어감

徽宗皇帝 曰 學者는 如禾如稻하고 不學者는 如蒿如草로다 如禾如稻兮여 國之精糧 世之大寶로다. 如蒿如草兮여 耕者憎嫌하고 鋤者煩惱이니라 他日面墻에 悔之已老로다

- 徽宗皇帝 : 북송의 8대 황제
- 精糧 : 좋은 양식
- 憎嫌 : 미워하고 싫어함
- 煩惱 : 귀찮고 괴로워함
- 徽 아름다울 휘 皇 임금 황 帝 임금 제 稻 벼 도 蒿 쑥 호 耕 갈경 憎 미워할 증 嫌 혐오할 혐 鋤 호미 서 煩 번뇌할 번 惱 번뇌할 뇌 墻 담 장 悔 뉘우칠 회

論語에 曰 學如不及이오 惟恐失之이니라

- 論 논할 론 語 말씀 어 惟 오직 유
- 恐 두려울 공 恐怖

10. 訓子篇(훈자편)

景行錄에 云 賓客不來門戶俗하고 詩書無教子孫愚이니라

- 門戶 : 집안
- 錄 기록할 록 賓 손님 빈 俗 풍속 속 詩 글 시 愚 어리석을 우

莊子가 曰 事雖小나 不作이면 不成이오 子雖賢이나 不教면 不明이니라

- 不作 : 만들지 않음. 하지 않음
- 莊 장엄할 장 雖 비록 수 賢 어질 현

漢書에 云 黃金滿纓이 不如教子一經이오 賜子千金이 不如教子一藝이니라

- 漢書 : 前漢의 역사를 기록한 책
- 滿籯 : 상자에 가득함
- 滿 찰 만 纓 끈 영 賜 줄 사 藝 재주 예

至樂은 莫如讀書오 至要는 莫如教子이니라

呂榮公이 曰 內無賢父兄하고 外無嚴師友而能有成者가 鮮矣이니라

- 呂滎公 : 북송의 학자. 이름은 희철. 형공은 시호임
- 滎 물이름 형 賢 어질 현 鮮 고울 선

太公이 曰 男子失敎면 長必頑愚하고 女子失敎면 長必麤疎이니라

- 頑愚 : 분별없고 어리석다.
- 頑 완고할 완, 분별없을 완 愚 어리석을 우 疎 성길 소

男年長大어든 莫習樂酒하고 女年長大어든 莫令遊走이니라

- 遊走 : 놀러 다님
- 樂 즐길 락, 풍류 악 遊 놀 유

嚴父는 出孝子하고 嚴母는 出孝女이니라

- 嚴 엄할 엄

憐兒어든 多與棒하고 憎兒어든 多與食하라

- 多與棒 : 매를 많이 때림
- 憐 가련할 련 憐憫 ※ 隣 이웃 린

人皆愛珠玉이나 我愛子孫賢이니라

11. 省心篇(上) 성심편

景行錄에 云 寶貨는 用之有盡이오 忠孝는 享之無窮이니라

- 寶貨 : 보물과 재물
- 錄 기록할 록 盡 다할 진 享 누릴 향 窮 다할 궁 寶 보배 보

家和貧也好어니와 不義富如何오 但存一子孝면 何用子孫多리오

父不憂心 因子孝오 夫無煩惱 是妻賢이라 言多語失 皆因酒오 義斷親疎 只爲錢이라

- 義斷親疎 : 의가 끊어지고 친한 사이가 멀어짐
- 憂 근심 우 煩 번뇌할 번 惱 번뇌할 뇌 賢 어질 현 疎 성길 소
- 錢 돈 전, 동전 전 銅錢 金錢 換錢
- 酒 술 주 : 水 + 酉(닭 유) 술병 모양을 나타냄

旣取非常樂이어든 須防不測憂이니라

- 旣 이미 기 取 취할 취 須 모름지기 수 測 헤아릴 측 憂 근심 우

得寵思辱하고 居安慮危이니라

- 得寵 : 윗사람의 사랑을 얻음
- 寵 사랑할 총 慮 생각 려

榮輕辱淺이오 利重害深이니라

- 辱 욕될 욕 淺 얕을 천 深 깊을 심 輕 가벼울 경

甚愛必甚費오 甚譽必甚毁오 甚喜必甚憂오 甚贓必甚亡이니라

- 甚 심할 심 費 쓸 비 譽 명예 예 毁 헐 훼 喜 기쁠 희 贓 뇌물받을 장

子 曰 不觀高崖면 何以知顚墜之患이며 不臨深淵이면 何以知沒溺之患이며 不觀巨海면 何以知風波之患이리오

- 顚墜：굴러 떨어짐
- 不臨深淵：깊은 연못에 가보지 아니하면
- 沒溺：물에 빠짐
- 觀 볼 관 崖 벼랑 애 顚 넘어질 전 墜떨어질 추 淵 못 연
- 沒 빠질 몰 沒落 埋沒 陷沒 沒死
- 溺 빠질 닉 溺死 耽溺

欲知未來인댄 先察已然이니라

- 察 살필 찰 然 그러할 연

子 曰 明鏡은 所以察形이오 往事는 所以知今이니라

- 所以：까닭, 수단
- 察形：얼굴을 살핌
- 鏡 거울 경：金(쇠금) + 竟(마침내경) = 鏡 옛 거울은 쇠로 만들어졌음
- 察 살필 찰

過去事는 明如鏡이오 未來事는 暗似漆이니라

- 暗似漆：어둡기가 칠흑과 같다
- 鏡 거울 경 暗 어두울 암
- 漆 옻 칠：水 + 木 + 水 = 漆 옻나무에서 수액을 채취하여 옻을 만든다

景行錄에 云 明朝之事를 薄暮에 不可必이오 薄暮之事를 哺時에 不可必이니라

- 薄暮 : 날 저물 때
- 不可必 : 기필하지 못함. 꼭 알지는 못함
- 哺時 : 오후 3시~5시
- 錄 기록할 록 薄 엷을 박 佳人薄命
- 哺 먹일 포 暮저물 모 : 莫(없을 막)+日(해 일)
  ※ (회의문자) 해가 없어지므로 저물다는 뜻

天有不測風雨하고 人有朝夕禍福이니라

- 測 헤아릴 측 測量
- 禍 재앙 화 禍福　吉凶禍福

未歸三尺土하얀 難保百年身이오 已歸三尺土하얀 難保百年墳이니라

- 已歸 : 아직 돌아가지 않음. 즉 아직 죽지 않음
- 三尺土 : 석자의 흙. 즉 죽어서 돌아가는 흙속을 말함
- 保 보전할 보
- 墳 무덤 분 墳墓 ※ 憤 성낼 분 噴 내뿜을 분

景行錄에 云 木有所養則根本固而枝葉茂하야 棟樑之材成하고 水有所養則泉源壯而流派長하야 灌漑之利博하고 人有所養則志氣大而識見明하야 忠義之士出이니 可不養哉아

- 根本固 : 뿌리가 굳음
- 可不養哉 : 가히 기르지 아니하겠는가?
- 棟 기둥 동 樑 들보 량 派 물갈래 파 灌 물댈 관 漑 물댈 개 棟 기둥 동 枝 가지 지

- 根 뿌리 근 : 木 + 艮(머무를 간) = 根 (회의문자) 나무를 머물러 있게 하는 것은 뿌리이다.

自信者는 **人亦信之**하나니 **吳越**이 **皆兄弟**오 **自疑者**는 **人亦疑之**하나니 **身外皆敵國**이니라

- 吳越 : 중국 전국시대에 吳와 越은 항상 싸워 원수지간이었음
- 越 월나라 월, 넘을 월 疑 의심 의 敵 적 적
- 信 믿을 신 : 人 + 言 사람은 말에 믿음이 있어야 한다

疑人莫用하고 **用人勿疑**이니라

- 疑 의심 의

諷諫에 **云 水底魚天邊雁**은 **高可射兮 低可釣**어니와 **惟有人心咫尺間**에 **咫尺人心 不可料**이니라

- 咫尺 : 아주 가까운 거리
- 諷 풍자할 풍 諫 간할 간 底 밑 저 邊 가 변 雁 기러기 안 射 쏠 사 低 낮을 저 釣 낚을 조 咫 지척 지 料 헤아릴 료

畵虎畵皮難畵骨이오 **知人知面不知心**이니라

- 畵 그림 화 虎 범 호

對面共話하되 **心隔千山**이니라

- 話 말씀 화 隔 막힐 격

海枯終見底나 **人死不知心**이니라

- 終 끝 종 底 밑 저

- 枯 마를 고 : 木 + 古 나무가 오래되면 마른다.

太公이 曰 凡人은 不可逆相이오 海水는 不可斗量이니라

- 逆相 : 앞날을 미리 거슬러 점침
- 相 상볼 상. 서로 상 量 헤아릴 량

景行錄에 云 結怨於人을 謂之種禍오 捨善不爲를 謂之自賊이라

- 結 맺을 결 怨 원망 원 謂 이를 위 禍 재앙 화
- 賊 도적 적 : 貝 + 戎(오랑캐융) 남의 돈을 훔치니 오랭캐

若聽一面說이면 便見相離別이니라

- 聽 들을 청 說 말씀 설 便 곧 변, 문득 변, 편할 편
- 離 떠날 리 離別 離散 別離

飽煖에 思淫慾하고 飢寒에 發道心이니라

- 飽 배부를 포 淫 음란할 난 飢 주릴 기 寒 찰 한 慾욕심 욕 煖 따뜻할 난 ※暖 따뜻할난
- 飽 배부를 포 ※胞세포포 砲대포포

疏廣이 曰 賢人多財則損其志하고 愚人多財則益其過니라

- 疏廣 : 전한 선제 때의 학자
- 疏 성길 소 廣 넓을 광 賢 어질 현 損 덜 손

人貧智短하고 福至心靈이니라

- 智 지혜 지 靈 신령 령

不經一事면 不長一智니라

- 經 지날 경 智 지혜 지 長 자랄 장, 긴 장

是非終日有라도 **不聽自然無**이니라

- 是非 : 옳고 그름을 따짐
- 終 끝 종 聽 들을 청 然 그러할 연

來說是非者는 **便是是非人**이니라

- 便是 : 문득 이것이 곧

擊壤詩에 **云 平生**에 **不作皺眉事**면 **世上**에 **應無切齒人**이니 **大名**을 **豈有鐫頑石**가 **路上行人口勝碑**이니라

- 皺眉事 : 눈썹 찡그릴일
- 應無 : 마땅히 없음
- 切齒人 : 이를 가는 사람. 곧 원한을 품은 사람
- 豈有 : 어찌 ~ 하랴
- 鐫頑石 : 오나고한 돌에 새기다. 곧 비석에 공적을 새기다.
- 擊 칠 격 壤 흙 양 詩 글 시 皺 찡그릴 추 眉 눈썹 미 應 응할 응 鐫 새길 전 頑 완고할 완 勝 이길 승 碑 비석 비

有麝自然香이니 **何必當風立**고

- 有麝 : 사향을 지니고 있음
- 麝 사향노루 사 麝香(사향)

有福莫享盡하라 **福盡身貧窮**이오 **有勢莫使盡**하라 **勢盡寃相逢**이니라 **福兮常自惜**하고 **勢兮常自恭**하라 **人生驕與侈**는 **有始多無終**이니라

- 享盡 : 다 누림
- 有勢 : 권세가 있음

- 使盡 : 다 부림
- 驕與侈 : 교만과 사치
- 有始多無終 : 시작은 있고 끝은 없음
- 享 누릴 향 享受 盡 다할 진 極盡
- 寃 원통할 원 寃痛
- 驕 교만할 교 驕慢
- 惜 아낄석 哀惜 惜別
- 侈 사치할치 : 人 + 多 많이 가지니 사치스럽다는 뜻
- 恭 공손공 : 共(한가지공)음+心(마음심)뜻

> 王參政四留銘에 曰 留有餘不盡之巧하야 以還造物하고 留有餘不盡之祿하야 以還朝廷하고 留有餘不盡之財하야 以還百姓하고 留有餘不盡之福하야 以還子孫이니라

- 王參政 : 북송의 정치가 이름은 旦
- 留有餘 : 나머지를 두어서
- 還造物 : 만물을 창조한 조물주에게 돌려줌
- 還 도로 환 造 지을 조 餘 남을 여 祿 녹 록 廷 조정 정

> 黃金千兩이 未爲貴오 得人一語가 勝千金이니라

- 兩 두 량 語 말씀 어 勝 나을 승, 이길 승

> 巧者는 拙之奴오 苦者는 樂之母이니라

- 拙之奴 : 서툰 것의 종
- 拙 졸할 졸 奴 종 노

> 小船은 難堪重載오 深逕은 不宜獨行이니라

- 難堪 : 견디기 어려움
- 深逕 : 깊고 좁은 길

- 不宜 : 마땅하지 않음
- 船 배 선 堪 견딜 감 載 실을 재 深 깊을 심
- 載 해 재, 실을 재 ※裁 마를 재 栽 심을 재 哉 어조사 재

黃金이 未是貴오 安樂이 値錢多이니라

- 未是貴 : 이것이 귀하지 않음
- 錢 동전 전, 돈전 銅錢 換錢 金錢

在家에 不會邀賓客이면 出外에 方知少主人이니라

- 邀賓客 : 손님을 맞이함
- 方知 : 바야흐로 알게됨
- 邀 맞을 요 賓 손님 빈

貧居鬧市無相識이오 富住深山有遠親이니라

- 鬧市 : 시끄러운 시장
- 居 살 거 識 알 식 深 깊을 심
- 鬧 시끄러울 료 : 鬥(싸울 투) + 市 (저자 시) 시장에서 시끄럽게 떠든다.

人義는 盡從貧處斷이오 世情은 便向有錢家이니라

- 盡從 ~ : 다 ~을 따름
- 便向 : 문득 ~로 따름
- 斷 끊을 단 便 곧 변 向 향할 향

寧塞無底缸이언정 難塞鼻下橫이니라

- 寧塞 : 차라리 막을 수 있음
- 寧 차라리 령, 편안 녕 塞 막을 색, 변방 새 底 밑 저 鼻 코 비
- 橫 가로 횡 橫斷 橫財 橫災 縱橫

人情은 皆爲窘中疎이니라

- 窘中疎 : 군색한 가운데 멀어짐
- 窘 군색할 군 疎 성길 소

史記에 曰 郊天禮廟는 非酒不享이오 君臣朋友는 非酒不美오 鬪爭相和는 非酒不勸이라 故로 酒有成敗而不可泛飮之이니라

- 史記 : 전한 때 사마천이 한무제까지 약 三千年 동안의 中國의 역사를 기록한 책
- 郊天 : 왕이 남쪽 들에 나가 하늘에 제사를 지내던 의식
- 禮廟 : 사당에 제사지냄
- 不享 : 흠향하지 않음
- 泛飮之 : 함부로 마심
- 郊 들 교 廟 사당 묘 酒 술 주 享 누릴 향 鬪 사울 투 勸 권할 권 泛 범범할 범
- 酒 술 주 : 水 + 酉(닭유)술병모양을 나타냄

子 曰 士志於道而恥惡衣惡食者는 未足與議也니라

- 志 뜻 지 恥 부끄러울 치 議 의논 의

荀子 曰 士有妬友則賢交不親하고 君有妬臣則賢人不至이니라

- 士有妬友 : 선비가 벗을 투기함
- 賢人不至 : 어진 사람은 나오지 않음
- 荀 풀 순 妬 투기할 투 賢 어질 현 妬 투기할 투

天下生無祿之人하고 地不長無名之草이니라

- 無祿之人 : 녹이 없는 사람. 먹을 것이 없는 사람
- 祿 녹 록 官祿(관록) 貫祿(관록) 俸祿(봉록) 祿俸(녹봉)

大富는 由天하고 小富는 由勤이니라

- 由天 : 하늘에 말미암음. 운명에 달려 있음.
- 由勤 : 부지런함에 달려있음
- 勤 부지런할 근

成家之兒는 惜糞如金하고 敗家之兒는 用金如糞이니라

- 成家 : 집을 이룩함. 집안을 번영케함
- 兒 아이 아 惜 아낄 석 糞 똥 분 敗 패할 패

康節邵先生이 曰 閑居에 愼勿說無妨하라 纔說無妨便有妨이니라 爽口物多終作疾이오 快心事過必爲殃이라 與其病後能服藥으론 不若病前能自防이니라

- 閑居 : 근심과 걱정없이 한가하게 삶
- 說無妨 : 걱정거리가 없다고 말함
- 便有妨 : 문득 걱정거리가 생김
- 康편안 강 節 절개 절 邵 성씨 소 閑 한가할 한 愼 삼가할 신 纔 겨우 재 妨 훼방할 방 爽 상쾌할 상 殃 재앙 앙 藥 약 약
- 藥(약 약) : 草 + 樂 (약을 먹으면 병이 나아 즐거워 진다)

梓潼帝君垂訓에 曰 妙藥도 難醫寃債病이오 橫財도 不富命窮人이라 生事事生을 君莫怨하고 害人人害를 汝休嗔하라 天地自然皆有報하니 遠在兒孫近在身이니라

- 妙藥 : 영묘한 약
- 寃債病 : 원한으로 든 병
- 梓 가래나무 재 潼 물이름 동 妙 묘할 묘 醫 의원 의 寃 원통할 원 債 빚 채 橫 가로 횡 財 재물 재 窮 다할 궁 怨 원통할 원 汝너여

花落花開開又落하고 錦衣布衣更換着이라 豪家未必常富貴오 貧家未必長寂寞이라 扶人未必上青霄오 推人未必塡邱壑이라 勸君凡事를 莫怨天하라. 天意於人에 無厚薄이니라

- 開又落 : 피었다가 또 떨어짐
- 寂寞 : 쓸쓸함. 가난하여 찾아오는 사람이 없음
- 開 열 개 錦 비단 금 換 바꿀 환 豪 호걸 호 寂 고요할 적 寞 너그러울 관 霄 하늘 소 推 밀 퇴 邱 언덕 구 塡 넘어질 전 壑 구렁 학 怨 원통할 원 薄 엷을 박 錦 비단 금
- 開 열 개 : 빗장을 여는 모양을 본떠서 만든 상형자 ※閉 닫을 폐

堪歎人心毒似蛇라 誰知天眼轉如車오 去年妄取東隣物터니 今日還歸北舍家니라 無義錢財湯潑雪이오 倘來田地水推沙니라 若將狡譎爲生計면 恰似朝雲暮落花니라

- 堪歎 : 한탄하여 마지않음
- 湯潑雪 : 끓는 물에 뿌리는 눈
- 狡譎 : 간사한 속임수
- 暮落花 : 저물 때 떨어지는 꽃
- 堪 견딜 감 歎 탄식할 탄 毒 독 독 似 같을 사 蛇 뱀 사 誰 누구 수 眼 눈안 轉 구를 전 妄 망령될 망 隣 이웃 린 還 도로 환 歸 돌아갈 귀 錢 돈 전 湯 끓을 탕 潑 뿌릴 발 倘 갑자기 당 沙 모래 사 狡 간사할 교 譎 속일 휼 恰 마침 흡
- 暮 저물 모 : 莫(없을막)+日(해일) 해가 없어지므로 저물다는 뜻
- 東 동녘 동 : 日+木 해가 동쪽의 나무에서 걸쳐 올라오는 듯하다.
- 沙 모래 사 : 水+ 少=沙 모래는 물이 적으므로
- 雪 눈 설 : 雨 +ヨ 손으로 받을 수 있는 것은 눈이다.

無藥可醫卿相壽오 有錢難買子孫賢이니라

- 卿相 : 정승. 재상
- 醫 고칠 의, 의원 의 卿 벼슬 경 壽 목숨 수 錢 돈 전 買 살 매
- 賢 어질 현 賢明 賢母良妻

一日淸閑一日仙이니라

12 省心篇下 (성심편 하)

眞宗皇帝御製에 曰 知危識險이면 終無羅網之門이요 擧善薦賢이면 自有安身之路라 施仁布德은 乃世代之榮昌이요 懷妬報冤은 與子孫之爲患이라 損人利己면 終無顯達雲仍이요 害衆成家면 豈有長久富貴리오 改名異體는 皆因巧語而生이요 禍起傷身은 皆是不仁之召니라

- 眞宗皇帝 : 북송의 三代임금
- 御製 : 임금이 지은 글
- 羅網 : 그물, 법망
- 雲仍 : 자손, 먼 후대의 자손
- 巧語 : 간사하게 꾸며대는 말
- 御 모실 어 製 지을 제 識 알 식 險 험할 험 羅 벌릴 라 網 그물 망 擧 들 거 薦 천거할 천 施 베풀 시 榮 영화 영 懷 품을 회 妬 투기할 투 損 덜 손 顯 나타날 현 仍 인할 잉 傷 상할 상
- 擧 들 거 : 손을 맞잡고 들어 올림
- 榮 영화 영 : 나무에 꽃이 피어 화려한 모양

神宗皇帝御製에 曰 遠非道之財하고 戒過度之酒하며 居必擇隣하고 交必擇友하며 嫉妬를 勿起於心하고 讒言을 勿宣於口하며 骨肉貧者를 莫

疎하고 他人富者를 莫厚하며 克己는 以勤儉爲先하고 愛衆은 以謙和爲首하며 常思已往之非하고 每念未來之咎하라 若依朕之斯言이면 治國家而可久니라

- 神宗皇帝 : 북송의 六代임금
- 勿宣於口 : 입에 담지 말라
- 未來之咎 : 미래에 저지를지도 모를 허물
- 隣 이웃 린 擇 가릴 택 嫉 미워할 질 妬 투기할 투 讒참소할 참 勤 부지런할 근 儉 검소할 검 謙 겸손 겸 咎 허물 구 朕나 짐 斯이사

高宗皇帝御製에 曰 一星之火도 能燒萬頃之薪하고 半句非言도 誤損平生之德이라 身被一縷나 常思織女之勞하고 日食三飧이나 每念農夫之苦하라 苟貪妬損은 終無十載安康하고 積善存仁이면 必有榮華後裔니라 福緣善慶하니 多因積行而生이요 入聖超凡은 盡是眞實而得이니라

- 高宗皇帝 : 남송의 一代임금
- 一星之火 : 한 점의 불, 별빛 같은 작은 불
- 後裔 : 후손
- 入聖超凡 : 성인에 들어서고 평범한 사람을 넘어섬
- 燒 불탈 소 薪 섶 신 誤 그릇될 오 損 덜 손 縷 실오라기 루 織 짤 직 飧 밥 손 貪 탐할 탐 載 실을 재 康 편안 강 積 을 적 榮 영화 영 華 빛날 화 裔 후손 예 緣 인연 연 慶 경사 경 積 쌓을 적 聖 성인 성 超 넘을 초 盡 다할 진
- 貪 탐할 탐 : 今 + 貝 지금 돈을 가지고 있으면서 또 탐한다
- 載 해 재, 실을 재 ※栽 마를 재 栽 심을 재 哉 어조사 재

王良이 曰 欲知其君인댄 先視其臣하고 欲識其人인댄 先視其友하고 欲知其父인댄 先視其子하라 君聖臣忠하고 父慈子孝니라

- 王良 : 춘추 전국시대 진나라 사람

- 欲 하고자할 욕 視 볼 시 識 알 식 聖 성인 성

家語에 云 水至清則無魚하고 人至察則無徒니라

- 家語 : 〈孔子家語〉를 말함
- 人至察 : 사람이 너무 살핌
- 語 말씀 어 淸 맑을 청 察 살필 찰 徒 무리 도

許敬宗이 曰 春雨는 如膏나 行人은 惡其泥濘하고 秋月이 揚輝나 盜者는 憎其照鑑이니라

- 許敬宗 : 중국 당나라 사람
- 許 허락 허 敬 공경 경 膏 기름 고 泥 진흙 니 濘 진흙 녕 盜 도적 도 憎 미워할 증 照 비칠 조 鑑 거울 감
- 揚 드날릴 양 ※陽 볕 양 楊 버들 양
- 照 비칠 조 : 日(해 일)+召(부를 소)+火(불 화) ※昭 밝을 소 召부를 소
- 輝 빛날 휘 : 光(빛 광)뜻 +軍(군사 군)음 ※揮 가리킬 휘

景行錄에 云 大丈夫見善明故로 重名節於泰山하고 用心剛(精)고로 輕死生於鴻毛니라

- 見善明 : 선을 보는 것이 밝음
- 錄 기록할 록 泰 클 태 剛 굳셀 강 輕 가벼울 경
- 鴻 큰기러기 홍 : 水(물 수)뜻+工+鳥(새 조)뜻 물에서 사는 새란 뜻

悶人之凶하고 樂人之善하며 濟人之急하고 救人之危니라

- 悶人之凶 : 남의 흉함을 딱하게 여김
- 濟人之急 : 남의 급함을 구제함
- 悶 민망할 민 凶 흉할 흉 濟 건널 제 救 구원할 구 危 위태로울 위

經目之事도 恐未皆眞이어든 背後之言을 豈足深信이리오

- 經目之事 : 직접 눈으로 본 일
- 背後之言 : 등 뒤에서 하는 말
- 經 지날 경 恐 두려울 공 眞 참 진 背 등 배 豈 어찌 기 深 깊을 심

不恨自家汲繩短하고 只恨他家苦井深이로다

- 汲繩 : 물 긷는 두레박 줄
- 苦井深 : 우물이 깊은 것만 괴로워함
- 限 한정 한 汲 물길을 급 繩 노끈 승 深 깊을 심

臟濫이 滿天下하되 罪拘薄福人이니라

- 臟濫 : 부정을 도둑질을 함
- 薄福人 : 복이 없는 사람
- 臟 뇌물받을 장 濫 넘칠 람 滿 찰 람 拘 잡을 구 薄 엷을 박

天若改常이면 不風卽雨요 人若改常이면 不病卽死니라

- 改常 : 정도를 어김. 정상을 벗어남
- 若 만약 약 常 항상 상 卽 곧 즉 病 병 병

壯元詩에 云 國正天心順이요 官清民自安이라 妻賢夫禍少요 子孝父心寬이니라

子 曰 木從繩則直하고 人受諫則聖이니라

- 受諫 : 간함을 받아들임
- 從 다를 종 繩 노끈 승 諫 간할 간 聖 성인 성

一派青山景色幽러니 前人田土後人收라 後人收得莫歡喜하라 更有收

人在後頭니라

- 一派青山 : 한줄기 푸른산
- 後人收 : 뒷사람이 거두어 가짐
- 有收人 : 거두어 가질 사람
- 後頭 : 바로 뒤에
- 波 물결 파 景 볕 경 幽 그윽할 유 後 뒤 후 收 거둘 수 得 얻을 득 歡 기쁠 환

蘇動波 曰 無故而得千金이면 不有大福이라 必有大禍니라

- 蘇動波 : 북송의 문인으로 이름은 軾. 호는 東坡. 唐宋八大家의 한 사람
- 無故 : 연고 없이, 까닭 없이
- 蘇 깨어날 소 波 물결 파 故 연고 고 得 얻을 득 禍 재화 화

康節邵先生이 曰 有人이 來問卜하되 如何是禍福고 我虧人是禍요 人虧我是福이니라

- 人虧我 : 남이 나에게 해를 입힘
- 邵 성씨 소 禍 재앙 화 虧 이지러질 휴

大廈千間이라도 夜臥八尺이요 良田萬頃이라도 日食二升이니라

- 廈 큰집 하 臥 누울 와 頃 이랑 경, 잠깐 경

久住令人賤이요 頻來親也疎라 但看三五日에 相見不如初니라

- 不如初 : 처음 같지 않음
- 賤 천할 천 頻 자주 빈 疎 성길 소

渴時一滴은 如甘露요 醉後添盃는 不如無니라

- 渴時一滴 : 목마를 때 물 한 방울

- 醉後添盃 : 취한 후에 잔을 더함
- 渴 목마를 갈 滴 떨어질 적 醉 취할 취 添 더할 첨 盃 잔 배
- 露 이슬 로 : 雨(뜻) + 路(길로)

酒不醉人요 人自醉요 色不迷人요 人自迷니라

- 醉 취할 취 迷 미혹할 미

公心을 若比私心이면 何事不辨이며 道念을 若同情念이면 成佛多時니라

- 公心 : 公을 위하는 마음, 곧 여러 사람을 위하는 마음
- 情念 : 남녀간의 애정을 생각함
- 多時 : 오래 전에
- 辨 분별한 변 佛 부처 불

濂溪先生曰 巧者言하고 拙者默하며 巧者勞하고 拙者逸하며 巧者賊하고 拙者德하며 巧者凶하고 拙者吉하나니 嗚呼라 天下拙이면 刑政이 徹하여 上安下順하며 風淸弊絶이니라

- 濂溪先生 : 북송의 유학자 주돈이
- 刑政徹 : 형벌의 정치가 없어짐
- 風淸弊絶 : 풍속이 맑아지고 폐단이 끊어짐
- 濂 물가 렴 溪 시내 계 拙 졸할 졸 默 잠잠할 묵 逸 편안 일 賊 도적 적 嗚 탄식할 오 政 정사 정 徹 거둘 철, 통할 철 弊 폐단 폐 絶 끊을 절

易에 曰 德薄而位尊하며 智小而謀大하며 力小而任重하면 鮮不及矣니라

- 薄 엷을 박 尊 높을 존 智 지혜 지 謀 꾀할 모 任 맡길 임 鮮 드물 선 矣 어조사 의
- 謀 꾀할 모 : 어떤 일을 하려고 할때는 말을 해야 하므로 言이 들어감 ※模 본뜰 모 暮 저물 모(해가 없어지니 저물 모) 募 모을 모 慕 사모할 모(마음속으로 그리워하니 사모할 모)

說苑에 **曰 官怠於宦成**하며 **病加於小癒**하며 **禍生於懈惰**하며 **孝衰於妻子**니 **察此四者**하여 **愼終如始**니라

- 說苑 : 전한의 유향이 꾸민 책
- 懈惰 : 게으름
- 苑 큰동산 원 怠 게으를 태 宦 벼슬 환 癒 병나을 유 懈 게으를 해 惰 게으를 타 衰 쇠할 쇠 察 살필 찰 愼 삼가할 신

景行錄에 **云 器滿則溢**하고 **人滿則喪**이니라

- 錄 기록할 록 器 그릇 기 滿 찰 만 溢 넘칠 일 喪 죽을 상, 잃을 상

尺璧非寶요 **寸陰是競**이니라

- 璧 구슬 벽 陰 그늘 음 競 다툴 경

羊羹이 **雖美**나 **衆口**는 **難調**이니라

- 雖美 : 비록 맛이 있으나
- 羹 국 갱 調 고를 조 美 맛있을 미, 좋을 미, 아름다울 미

益智書에 **云 白玉**은 **投於泥塗**라도 **不能汚穢其色**이요 **君子**는 **行於濁地**라도 **不能染亂其心**하나니 **故**로 **松栢**은 **可以耐雪霜**이요 **明智**는 **可以涉危難**이니라

- 耐雪霜 : 눈과 서리를 견디어 냄
- 涉危難 : 위태롭고 어려움을 건넘
- 投 던질 투 塗 진흙 도 能 능히 능 汚 더러울 오 穢 더러울 예 濁 흐릴 탁 染 물들 염 亂 어지러울 란 松 소나무 송 栢 잣나무 백 霜 서리 상 涉 건널 섭

入山擒虎는 易어니와 開口告人은 難이니라

- 擒 사로잡을 금 開 열 개 難 어려울 난
- 開 열 개 : 빗장을 여는 모양을 본떠서 만든 상형자 ※ 閉 닫을 폐

遠水는 不救近火오 遠親은 不如近隣이니라

- 不如 : ~ 만 못하다
- 遠親 : 먼곳에 있는 친척
- 救 구원할 구 近 가까울 근 隣 이웃 린

太公이 曰 日月이 雖明이나 不照覆盆之下하고 刀刃이 雖快나 不斬無罪之人하고 非災橫禍는 不入愼家之門이니라

- 覆盆 : 엎어 놓은 동이
- 刀刃 : 칼날
- 雖비록수 照비칠조 覆엎어질복 盆동이분 斬벨참 橫가로횡 愼삼가할신
- 盆 동이 분 : 分 + 皿(그릇명)

太公이 曰 良田萬頃이 不如薄藝隨身이니라

- 頃 이랑 경 薄 엷을 박 藝 재주 예 隨 따를 수

性理書에 云 接物之要는 己所不欲을 勿施於人하고 行有不得이어든 反求諸己니라

- 理 이치 리 接 접할 접 要 구할 요 欲 하고자할 욕 施 베풀 시 諸 모두제

酒色財氣四堵墻에 多少賢愚在內廂고 若有世人이 跳得出이면 便是神仙不死方이니라

- 多少賢愚 : 많은 어진 사람과 어리석은 사람들

- 堵 담 도 墻 담 장 賢 어질 현 愚 어리석을 우 廂 행랑 상 跳 뛸 도 便 곧 변

13 입교편 (立教篇)

子曰 立身有義而孝爲本이요 喪祀有禮而哀爲本이요 戰陣有列而勇爲本이요 治政有理而農爲本이요 居國有道而嗣爲本이요 生在有時而力爲本이니라

- 立身有義 : 입신 출세하는데 의로움이 있음
- 戰陣有列 : 전쟁하는데 서열이 있음
- 嗣爲本 : 왕위의 계승이 근본이 됨
- 喪 잃을 상 祀 제사 사 戰 싸움 전 陣 진칠 진 治 다스릴 치 政 정사 정 農 농사 농 嗣 이을 사
- 陣 진칠 진 : 阜(언덕부) + 車 = 陣 싸우기 위해 언덕에 진을 침

景行錄에 云 爲政之要는 曰 公與淸이요 成家之道는 曰 儉與勤이니라

- 儉 검소할 검 勤 부지런할 근

讀書는 起家之本이요 循理는 保家之本이요 勤儉은 治家之本이요 和順은 齊家之本이니라

- 循 따를 순 勤 부지런할 근 儉 검소할 검 治 다스릴 치 齊 가지런할 제

孔子三計圖에 云 一生之計는 在於幼하고 一年之計는 在於春하고 一日之計는 在於寅이니 幼而不學이면 老無所知요 春若不耕이면 秋無所望이

요 寅若不起면 日無所辦이니라

- 寅 : 寅時 3시~5시
- 日無所辦 : 그 날에 힘써 할 일이 없음
- 圖 그림 도 幼 어릴 유 計 셀 계 寅 범 인, 새벽인 幼 어릴 유 辦 힘 쓸 판
- 삼강오륜

性理書에 云 五敎之目은 父子有親하며 君臣有義하며 夫婦有別하며 長幼有序하며 朋友有信이니라

- 五敎之目 : 다섯가지 가르침의 조목 五倫
- 敎 가르칠 교 : 孝 + 攴 효도하는 자식을 만들려면 매로 치면서 가르쳐야 한다

三綱은 君爲臣綱이요 父爲子綱이요 夫爲婦綱이니라

- 三綱 : 군신·부자·부부의 관계를 말한 인륜의 세 가지
- 綱 벼리 강 = 모범 綱 벼리 줄은 그물을 잡아당기는 줄이다. 즉 그 줄을 잡아당기면 고기가 따라 오듯이 윗사람이 잘 하면 아랫사람이 본받는다는 말

王燭이 曰 忠臣은 不事二君이요 烈女는 不更二夫니라

- 王燭 : 전국시대 제나라 사람. 제나라가 연나라에 망하자 항복하라는 권고를 물리치고 자살한 충신
- 燭 촛불 촉 烈 매울 렬 更 고칠 경
- 烈(매울 렬) 불같은 열정의 맵다는 뜻

忠子 曰 治官엔 莫若平이요 臨財엔 莫若廉이니라

- 治官 : 벼슬을 다스림
- 臨財 : 재물에 임함. 재물을 다스림
- 治 다스릴 치 臨 임할 림 廉 청렴 렴

張思叔座右銘에 曰 凡語를 必忠信며 凡行을 必篤敬하며 飮食을 必愼節하며 字畫를 必楷正하며 容貌를 必端莊하며 衣冠을 必肅整하며 步履를 必安詳하며 居處를 必正靜하며 作事를 必謀始하며 出言을 必顧行하며 常德을 必固持하며 然諾을 必重應하며 見善如己出하며 見惡如己病이니 凡此十四者를 我皆未深省이라 書此當座隅(石)하여 朝夕視爲警하노라

- 張思叔 : 북송의 학자로 정자의 제자임
- 座右銘 : 자리의 옆에 써두고 경계로 삼는 글
- 顧行 : 행할 것을 돌아봄
- 整肅 : 단정하고 엄숙함
- 張 베풀 장 叔 아재비 숙 銘 새길 명 篤 돈독할 독 敬 공경 경 愼 삼가할 신 楷 곧을 해 貌 모양모 端 단정할 단 冠 갓 관 肅 엄숙할 숙 整 가지런할 정 履 밟을 리 詳 자세할상 處 살 처 靜 고요할 정 謀 꾀할 모 顧 돌아볼 고 諾 응낙 낙 應 응할 응 隅 모퉁이 우
- 謨 꾀할 모 : 어떤 일을 하려고 할 때는 말을 해야 하므로 言이 들어감 ※模 본뜰모 暮 저물 모(해가 없어지니 저물 모) 募 모을 모 慕 사모할 모(마음속으로 그리워하니 사모할 모)
- 省 살필 성 : 적은 것까지 눈으로 살핌

范益謙座右銘에 曰 一不言朝廷利害邊報差除오 二는 不言州縣官員長短得失이요 三은 不言衆人所作過惡之事요 四는 不言仕進官職趨時附勢요 五는 不言財利多少厭貧求富오 六不言淫媟戲慢評論女色이오 七不言求覓人物干索酒食이오 又人付書信을 不可開坼沈滯오 與人幷坐에 不可窺人私書오 凡入人家에 不可看人文字오 凡借人物에 不可損壞不還이오 凡喫飮食에 不可揀擇去取오 與人同處에 不可自擇便利오 凡人富貴를 不可歎羡詆毁니 凡此數事에 有犯之者면 足以見用心之不正이라 於正心修身에 大有所害라 因書以自警하노라

- 朝廷利害 : 조정의 이익과 손해
- 淫媒戱慢 : 음탕하고 버릇없이 굴어 희롱하고 방탕함
- 沈滯 : 묵혀둠
- 開坼 : 뜯어 봄
- 揀擇 : 가림
- 足以見 : 충분히 알 수 있음
- 范 성 범 謙 겸손 겸 邊 가 변 州 고을 주 縣 고을 현 職 직분 직 趨 다를 추 附 붙을 부 勢 형세 세 厭 싫을 염 淫 음난할 음 嫌혐오할 혐 慢 거만할 만 評 평할 평 論 논할 론 覓 찾을 멱 坼 터질 탁 沈 잠길 침 滯 잠길 체 幷 아우를 병 窺 엿볼 규 壞무너질 괴 還 도로 환 喫 먹을 끽 揀 가릴 간 擇 가릴 택 羨 부러워할 선 詆 헐뜯을 저 毁 헐 훼
- 進 나아갈 진 : 辶+隹 새는 앞으로만 나아가므로 辶는 앞으로 간다는 뜻

> 武王이 問太公曰 人居世上에 何得貴賤貧富不等고 願聞說之하야 欲知是矣니라 太公이 曰富貴는 如聖人之德하야 皆由天命이어니와 富者는 用之有節하고 不富者는 家有十盜니이다

- 武王 : 주나라 문왕의 아들. 은나라 폭군 주를 멸하고 주왕조를 세웠음
- 太公 : 강태공. 이름은 呂尙 무왕의 王師로 무왕을 도와 주왕조를 세웠음
- 何得 : 어찌 능히. 得은 별 뜻이 없음
- 欲知是矣 : 이것을 알고자 하나이다.
- 賤 천할 천 願 원할 원 說 말씀 설 皆 다 개 盜 도적 도

> 武王이 曰 何謂十盜닛고 太公이 曰 時熟不收 爲一盜오 收積不了爲二盜오 無事燃燈寢睡爲三盜오 慵懶不耕이 爲四盜오 不施功力이 爲五盜오 專行巧害 爲六盜오 養女太多 爲七盜오 晝眠懶起 爲八盜오 貪酒嗜慾이 爲九導오 强行嫉妬 爲十盜니이다

- 時熟 : 때가 되어 곡식이 익음
- 不施功力 : 농사에 힘쓰지 않음

- 養女太多 : 달을 많이 낳아 기름
- 謂 이를 위 盜 도적 도 熟 익을 숙 積 쌓을 적 燃 불탈 연 燈 등불 등 睡 졸수 盜 도적 도 慵 게으를 용 懶 게으를 라 嗜즐길 기 嫉 미워할 질

武王이 曰 家無十盜而不富者는 何如닛고 太公이 曰 人家에 必有三耗니다 武王이 曰 何名三耗닛고 太公이 曰倉庫漏濫不蓋하야 鼠雀亂食이 爲一耗오 收種失時 爲二耗오 抛撒米穀穢賤이 爲三耗이니라

- 鼠雀亂食 : 쥐와 새들이 들어와 마구 먹음
- 漏濫不蓋 : 창고가 구멍이 뚫려 새고 넘쳐도 덮지 아니하여
- 耗 소모할 모 漏 샐 루 濫 넘칠 람 蓋 덮을 개 鼠 쥐 서 雀 참새 작 亂 어지러울 란 抛 던질 포 撒뿌릴 살 穢 더러울 예 賤 천할 천

武王이 曰 家無三耗而不富者는 何如닛고 太公이 曰 人家에 必有一錯二誤三痴四失五逆六不祥七奴八賤九愚十強하여 自招其禍요 非天降殃이니이다

- 自招其禍 : 스스로 그 화를 부르고
- 耗 소모할 모 錯 그릇될 착 誤 그릇될 오 痴 어리석을 치 祥 상서로울 상 賤 천할 천 愚 어리석을 우 招 부를 초 降 내릴 강 殃 재앙 앙

武王이 曰 願悉聞之하노이다 太公이 曰 養男不教訓이 爲一錯이요 嬰孩不訓이 爲二誤요 初迎新婦不行嚴訓이 爲三痴요 未語先笑 爲四失이요 不養父母 爲五逆이요 夜起赤身이 爲六不祥이요 好挽他弓이 爲七奴요 愛騎他馬 爲八賤이요 喫他酒勸他人이 爲九愚요 喫他飯命朋友爲十強이니이다 武王이 曰 甚美誠哉라 是言也여

- 初迎新婦 : 처음 새 며느리를 맞이하여
- 夜起赤身 : 밤에 벌거숭이로 일어나는 것

- 喫他飯命朋友 : 남의 술을 얻어먹으면서 다른 사람에게 권함
- 願 원할 원 悉 다 실 聞 들을 문 養 기를 양 錯 그릇될 착 嬰 어릴 영 孩 어릴 해 誤 그릇될 오 迎 맞이할 영 嚴 엄할 엄 痴 어리석을 치 祥 상서로울 상 挽 당길 만 驕 교만할 교 喫 먹을 끽

14 치정편 (治政篇)

明道先生이 曰 一命之士 苟有存心於愛物이면 於人에 必有所濟니라

- 明道先生 : 성은 程 이름은 호(顥) 송나라의 학자로 성리학을 발전시켰음
- 一命之士 : 처음 관직에 임명받은 선비
- 苟 진실로 구 愛 사랑 애 物 물건 물 濟 건널 제

唐太宗御製에 云 上有麾之하고 中有乘之하고 下有附之하여 幣帛衣之요 倉凜食之하니 爾俸爾祿이 民膏民脂니라 下民은 易虐이어니와 上蒼은 難欺니라

- 唐太宗 : 당나라 二代임금. 이름은 李世民.
- 幣帛 : 예물로 받은 비단
- 爾俸爾祿 : 너희들이 받는 녹
- 下民은 易虐 : 아래의 백성은 학대하기 쉬움
- 麾 가리킬 휘 乘 탈 승 附 붙일 부 幣 폐백 폐 凜 창고 름 爾 너 이 俸 녹봉 祿 녹 록 膏 기름 고 脂 기름 지 虐 사나울 학
- 脂 기름 지 : 月(육달 월)뜻+旨(손가락 지) ※ 指가리킬지 旨손가락지

童蒙訓에 曰 當官之法이 唯有三事하니 曰 清 曰 愼 曰 勤이라 知此三者면 知所以持身矣니라

- 童蒙訓 : 송나라의 呂本中이 아이들을 가르치기 위해 꾸민 책
- 當官 : 관리가 된 자
- 所以 : 까닭
- 持身 : 몸가짐
- 蒙 어릴 몽 法 법 법 淸 맑을 청 愼 삼가할 신 持 가질 지
- 唯 대답할 유 ※惟 오직 유 維 벼리 유

當官者는 必以暴怒爲戒하여 事有不可어든 當詳處之하여 必無不中이니 若先暴怒면 只能自害니 豈能害人이리오

- 暴怒 : 사납게 성냄
- 當詳處之 : 마땅히 자세하게 처리하면
- 不中 : 들어 맞지 않음
- 暴 사나울 폭 怒 성낼 노 詳 상서로울 상 處 살 처

事君을 如事親하며 事官長을 如事兄하며 與同僚를 如家人하며 待群吏를 如奴僕하며 愛百姓을 如妻子하며 處官事를 如家事 然後에 能盡吾之心이니 如有毫末不至면 皆吾心이 有所未盡也니라

- 事君 : 임금을 섬김
- 與同僚 : 동료들과 어울림
- 如有毫末不至 : 만일 털끝만치라도 이르지 못함이 있다면
- 僚 동료 료 群 무리 군 僕 종 복 毫 터럭 호

或이 問 簿는 佐令者也니 簿欲所爲를 令이 或不從이어든 奈何오 伊川先生이 曰 當以誠意로 動之니 今에 令與簿 不和는 只是爭私意니라 令은 是邑之長이니 若能以事父兄之道로 事之하여 過則歸己하고 善則唯恐不歸於令하여 積此誠意하면 豈有不動得人이리오

- 簿 엷을 박 誠 정성 성 恐 두려울 공 積 쌓을 적

劉安禮 問臨民한데 **明道先生**이 **曰 使民**으로 **各得輸其情**이니라 **問御吏**한데 **曰 正己以格物**이니라

- 劉安禮 : 송나라 사람으로 字는 元素
- 臨民 : 백성에 임함. 백성을 다스림
- 御吏 : 관리를 다스림
- 格物 : 사물을 마르게 함. 남을 바로잡음
- 劉 성 류, 묘금도 류 臨 임할 림 輸 실어보낼 수 御 다스릴 어 格 격식 격

抱朴子에 **云 迎斧鉞而正諫**하며 **據鼎鑊而盡言**이면 **此謂忠臣也**니라

- 抱朴子 : 진나라 사람 葛洪의 호이며, 그의 저서
- 正諫 : 바른 도리를 간함
- 據鼎鑊 : 끓는 가마솥에 들어가 죽임을 당함
- 盡言 : 말을 다함
- 迎맞이할 영 斧 도끼 부 鉞 도끼 월 諫 간할 간 據 근거 거 鼎 솥 정 鑊 가마솥 확

15 치가편(治家篇)

司馬溫公이 **曰 凡諸卑幼 事無大小**이 **毋得專行**하고 **必咨稟於家長**이니라

- 卑幼 : 지위가 낮고 어린사람
- 專行 : 오로지 자기 마음대로 행함
- 咨稟 : 어른에게 여쭈어 봄
- 溫 따뜻할 온 諸 모든 제 得 얻을 득 專 오로지 전 咨 물을 자 稟 품할 품

待客에 不得不豊이요 治家에 不得不儉이니라

- 待客 : 손님을 대접함
- 治家 : 집을 다스림
- 不得不 : ~하지 않을 수 없다.
- 豊 풍성할 풍 治 다스릴 치 儉 검소할 검

太公이 曰 痴人은 畏婦하고 賢女는 敬夫니라

- 痴 어리석을 치 畏 두려울 외 賢 어질 현

凡使奴僕에 先念飢寒이니라

- 使 부릴 사 奴 종 노 僕 종 복 飢 주릴 기 寒 찰 한

子孝雙親樂이요 家和萬事成이니라

- 雙 쌍 쌍 雙親 : 두 어버이

時時防火發하고 夜夜備賊來이니라

- 備 갖출 비 賊 도적 적

景行錄에 云 觀朝夕之早晏하여 可以卜人家之興替니라

- 觀 볼 관 晏 늦을 안 興 흥할 흥 替 쇠할 체

文仲子 曰 婚娶而論財는 夷虜之道也니라

- 婚 혼인할 혼 娶 장가들 취 論 논할 론 虜 오랑캐 로

16 안의편(安義篇)

顔氏家訓에 曰 夫有人民而後에 有夫婦하고 有夫婦而後에 有父子하고 有父子而後에 有兄弟하니 一家之親은 此三者而已矣라 自玆以往으로 至于九族히 皆本於三親焉이라 故로 於人倫에 爲重也니 不可不篤이니라

- 顔氏家訓 : 제나라 안지추가 지은책. 二권으로 되어 있음
- 自玆以往 : 여기서부터 나아감
- 至于九族 : 九族에 이르기 까지. 구족은 자기 집안과 처가와 모든 친척
- 不可不 : 아니할 수 없음
- 三親 : 부부와 부자와 형제.
- 親 친할 친 玆 이 자 族 겨레 족 焉 어조사 언 倫 인륜 륜 篤 돈독할 독
- 顔 낯 안 : 얼굴은 머리에 붙어 있으므로 頁이 들어감

莊子 曰 兄弟는 爲手足하고 夫婦는 爲衣服이니 衣服破時엔 更得新이어니와 手足斷處엔 難可續이니라

- 爲手足 : 손발이 됨
- 更得新 : 다시 새 것을 얻음
- 難可續 : 잇기가 어려움
- 破 깨뜨릴 파 斷 끊을 단 處 살 처 續 이을 속

蘇東坡 云 富不親兮貧不疎는 此是人間大丈夫요 富則進兮貧則退는 此是人間眞小輩니라

- 富不親 : 부자라고 가까이 하지 않음
- 貧不疎 : 가난하다고 멀리하지 않음
- 小輩 : 소인배의 무리

- 蘇 깨어날 소 坡 언덕 파 疎 성길 소 丈 어른 장 輩 무리 배

17 준례편(遵禮篇)

子 曰 居家有禮故로 長幼辨하고 閨門有禮故로 三族和하고 朝廷有禮故로 官爵序하고 戰獵有禮故로 戎事閑하고 軍旅有禮故로 武功成이니라

- 長幼辨 : 어른과 어린이의 분별이 있음
- 閨門 : 안방. 부녀자
- 三族 : 자기 집안과 외가와 처가
- 武功成 : 무공이 이루어짐
- 軍旅 : 군대
- 辨 분별할 변 : 칼로 나누어 분별하다 閨 안방 규 爵 벼슬 작 獵 사냥할 렵 戎 오랑캐 융 旅 나그네 려, 군사려

子 曰 君子 有勇而無禮면 爲亂하고 小人이 有勇而無禮면 爲盜니라

曾子 曰 朝廷엔 莫如爵이오 鄕黨엔 莫如齒요 輔世長民엔 莫如德이니라

- 廷 조정 정 爵 벼슬 작 鄕 마을 향 黨 무리 당 齒 이 치 輔 도울 보

老少長幼는 天分秩序니 不可悖理而傷道也니라

- 秩 차례 질 悖 어그러질 패 傷 상할 상

出門如見大賓하고 入室如有人이니라

- 賓 손님 빈

若要人重我인댄 無過我重人이니라

- 要 구할 요. 중요 요 過 지날 과. 허물 과

父不言子之德하며 子不談父之過니라

- 德 덕 덕 談 말씀 담 過 지날 과. 허물 과

18 언어편(言語篇)

劉會 曰 言不中理면 不如不言이니라

- 中理 : 이치에 맞음
- 劉 성류. 묘금도류 會모일회

一言不中이면 千語無用이니라

- 不中 : 이치에 맞지 않음

君平이 曰 口舌者는 禍患之門이요 滅身之斧也니라

- 滅꺼질멸 斧도끼부

利人之言은 煖如綿絮하고 傷人之語는 利如荊棘하여 一言利人에 重値千金이요 一語傷人에 痛如刀割이니라

- 利人之言 : 남에게 이롭게 하는 말

- 煖如綿絮 : 따뜻하기가 솜과 같음
- 一言利人 : 사람에게이롭게 하는 한마디 말
- 重值千金 : 중하기가 천금과 같은 가치를 가지고 있음
- 綿 솜 면 絮 솜 서 荊 가시 형 棘 가시 극 值 값 치 痛 아플 통 割 가를 할

口是傷人斧요 言是割舌刀니 閉口深藏舌이면 安身處處牢니라

- 傷 상할 상 斧 도끼 부 深 깊을 심 處 살 처 牢 굳을 뢰
- 藏 감출 장 : 草 + 臧(착할 장, 곳집 장) 풀이나 곳간에 감춘다.

逢人且說三分話하되 未可全抛一片心하라 不怕虎生三個口요 只恐人情兩樣心이니라

- 全抛 : 전부 버림
- 兩樣心 : 두 가지 마음
- 逢 만날 봉 抛 던질 포 怕 두려울 파 個 낱 개 恐 두려울 공 樣 모양 양

酒逢知己千鍾少요 話不投機一句多니라

- 知己 : 내 마음을 알아주는 친구. 知己之友
- 千鍾 : 천잔
- 投機 : 뜻이 서로 통함
- 逢만날 봉, 쇠북 종, 술잔 종 投 던질 투
- 機 기계 기 : 木(나무 목)뜻+幾(몇 기)=機 ※ 나무로 만든 베틀기계

19 교우편(交友篇)

子 曰 與善人居에 如入芝蘭之室하여 久而不聞其香은 卽與之化矣요 與不善人居에 如入鮑魚之肆하여 久而不聞其臭는 亦與之化矣니 丹之所藏者는 赤하고 漆之所藏者는 黑이라 是以로 君子는 必愼其所與處者焉이니라

- 肆 가게 사 漆 옻 칠 愼 삼갈 신 焉 어조사 언
- 臭 냄새 취 : 自(코를 나타냄) + 犬 = 臭

家語에 云 與好學人同行에 如霧露中行하여 雖不濕衣라도 時時有潤하고 與無識人同行에 如厠中座하여 雖不汚衣라도 時時聞臭니라.

- 霧 안개 무 濕 젖을 습 識 알 식 厠측간 측 汚 더러울 오
- 潤 윤택할 윤, 적실 윤 : 水+閏(윤달 윤)음

子 曰 晏平仲은 善與人交로다 久而敬之온여.

- 晏 늦을 안 仲 버금 중 敬 공경 경

相識이 滿天下하되 知心能幾人고

- 識 알 식 幾 몇 기

酒食兄弟는 千個有로되 急難之朋은 一個無니라

- 個 낱 개

不結子花는 休要種이오 無義之朋은 不可交니라

- 結子花 : 열매를 맺는 꽃
- 結 맺을 결 休 쉴 휴 種 심을 종 義 옳을 의 朋 벗 붕

莊子에 云 君子之交는 淡若水하고 小人之交는 甘若醴니라

- 淡 맑을 담 ※ 談말씀담 啖삼킬담
- 醴 단술 례 ※ 禮예도례

路遙知馬力이요 日久見人心이니라

- 遙멀료 : 辶은 가다의 뜻 ※ 謠읊을요

20 부행편(婦行篇)

益智書에 云 女有四德之譽하니 一曰 婦德이요 二曰 婦言이요 三曰 婦容이요 四曰 婦工也니라

- 四德之譽 : 네가지 덕의 아름다움. 칭찬할 만한 것
- 婦容 : 아내로서의 용모
- 婦工 : 아내로서 하는 일
- 益 더할 익 智 지혜 지 譽 명예 예 容 얼굴 용. 용모 용

婦德者는 不必才名絶異요 婦言者는 不必辯口利詞요 婦容者는 不必顔色美麗요 婦工者는 不必技 巧過人也니라

- 絶異 : 특별히 뛰어남
- 才名 : 재주와 이름

- 顔色 : 얼굴의 생김
- 絶 끊을 절 異 다를 이
- 辯 말씀 변 ※辨 분별할 변 判 판단 판 辦 힘 쓸 판
- 麗 고울 려 : 사슴의 뿔이 고운 모양

其婦德者는 **淸貞廉節**하여 **守分整齊**하고 **行止有恥**하여 **動靜有法**이니 **此爲婦德也**요 **婦言者**는 **擇師而說**하여 **不談非禮**하고 **時然後言**하여 **人不厭其言**이니 **此爲婦言也**요 **婦容者**는 **洗浣塵垢**하여 **衣服鮮潔**하며 **沐浴及時**하여 **一身無穢**니 **此爲婦容也**요 **婦工者**는 **專勤紡績**하고 **勿好暈酒**하며 **供具甘旨**하여 **以奉賓客**이니 **此爲婦工也**니라

- 淸貞廉節 : 마음이 깨끗하고 곧고 청렴하고 절개가 있음
- 守分整齊 : 분수를 한결같이 지킴
- 動靜有法 : 행실에 법도가 있음
- 洗浣塵垢 : 먼지와 때를 씻고 빨아냄
- 擇師而說 : 모범이 될만한 일을 가려서 말하여
- 貞 곧을 정, 정조 정 廉 청렴 렴 整 가지런할 정 齊 가지런할 제 恥 부끄러울 치 靜 고요할 정 厭 싫을 염 浣 빨 완 垢 때 구 鮮 고울 선 潔 깨끗할 결 穢 더러울 예 績공적 적 暈 술 빚을 훈 供이바지할공 賓손님빈
- 塵티끌진 : 鹿 + 土 = 塵 사슴이 달려가므로 먼지가 일어난다

此四德者는 **是婦人之所不可缺者**라 **爲之甚易**하고 **務之在正**하니 **依此而行**이면 **是爲婦節**이니라

- 不可缺 : 없어서는 안됨
- 爲之甚易 : 하기가 매우 쉽고
- 依此而行 : 이것에 의하여 행하면
- 務 힘쓸 무 依 의지할 의

太公이 **曰 婦人之禮**는 **語必細**니라

- 語 말씀 어 細 가늘 세 細密 微細 詳細

賢婦는 令夫貴요 惡婦는 令夫賤이니라

- 令夫貴 : 남편으로 하여금 귀하게 되게함
- 賢 어질 현 賤 천할 천

家有賢妻면 夫不遭橫禍니라

- 不遭(부조) : 만나지 않음
- 賢 어질 현 遭 만날 조 橫 가로 횡 禍 재앙 화

賢婦는 和六親하고 娟婦는 破六親이니라

- 六親 : 父·母·兄·弟·妻·子
- 娟婦 : 간악한 아내
- 娟 아첨할 영 破 깨뜨릴 파 親 친할 친

21 增補篇 (증보편)

周易에 曰 善不積이면 不足以成名이요 惡不積이면 不足以滅身이니 小人은 以小善으로 爲无益而弗爲也하며 以小惡으로 爲无傷而弗去也라 故로 惡積而不可掩이며 罪大而不可解니라

- 周易 : 易經
- 惡積而不可掩 : 악함이 쌓여서 가릴 수 없음
- 罪大而不可解 : 죄가 커서 풀 수 없음
- 周 두루 주 周圍 周邊
- 積 쌓을 적 山積 積極

- 滅 꺼질 멸 滅菌 消滅 滅亡 滅種
- 傷 상할 상 傷害 損傷 傷處 負傷
- 掩 가릴 엄 掩蔽 掩護
- 解 풀 해 解析 解釋 詳解 讀解

履霜하면 堅氷至라하니 臣弑其君하며 子弑其父 非一日一夕之故로 其所由來者 漸矣니라

- 履霜 : 서리를 밟음
- 由來者 : 말미암은 것. 유래된 것
- 漸矣 : 오래되었다.
- 履 밟을 리 履歷書 履修 履行
- 弑 죽일 시 弑害
- 漸 점차 점 漸次 漸進

22 八反歌八首(팔반가팔수)

幼兒 或詈我하면 兒心에 覺懽喜하고 父母 嗔怒我하면 兒心에 反不甘이라 一喜懽一不甘하니 待兒待父心何懸고 勸君今日逢親怒어든 也應將親作兒看하라

- 詈我 : 나를 꾸짖으면
- 心何懸 : 마음이 왜 현격하게 다른가
- 作兒看 : 아이보듯 하라
- 逢親怒 : 어버이의 성냄을 당함
- 詈 꾸짖을 리 覺 깨달을 각 懽기쁠 환 嗔성낼 진 懸 달 현
- 逢 만날 봉 相逢 逢別
- 應 응할 응 應答 應對 呼應

- 看 볼 간 看板 看過

> **兒曹**는 **出千言**하되 **君聽常不厭**하고 **父母**는 **一開口**하면 **便道多閑管**이라 **非閑管親掛牽**이요 **皓首白頭**에 **多諳練**이라 **勸君敬奉老人言**하고 **莫敎乳口爭長短**하라

- 諳練 : 잘 아는 것
- 閑管 : 쓸데없이 잔소리하는 소리
- 掛牽 : 걱정함
- 乳口 : 젖 냄새
- 爭長短 : 잘하네 못하네 판단하여 하는 말
- 曹 만날 조 遭遇
- 聽 들을 청 皓 힐 호 諳 알 암 練 익힐 련
- 厭 싫을 염 厭症
- 便 편할 편 便利
- 閑 한가할 한 閑暇 閑心
- 管 대롱 관 管理 氣管
- 掛 걸 괘 掛圖 掛念 掛鐘
- 牽 끌 견 牽引
- 八反歌八首 (팔반가팔수)

> **幼兒尿糞穢**는 **君心**에 **無厭忌**로되 **老親涕唾零**에 **反有憎嫌意**니라 **六尺軀來何處**오 **父精母血成汝體**라 **勸君敬待老來人**하라 **壯時爲爾筋骨弊**니라

- 尿 오줌 뇨
- 糞 똥 분 糞尿 尿道 尿素
- 穢 더러울 예 厭 싫을 염
- 唾 침 타 唾液
- 零 떨어질 령, 작을 령 零細民
- 憎 미워할 증 憎惡

- 嫌 혐오할 혐 嫌惡
- 軀 몸 구 精 정기 정
- 筋 힘줄 근 筋肉
- 弊 폐단 폐 弊端 弊習

看君晨入市하여 買餠又買糕하니 少聞供父母하고 多說供兒曹라 親未啖兒先飽하니 子心이 不此親心好라 勸君多出買餠錢하여 供養白頭光陰少하라

- 光陰 : 세월. 앞날
- 餠 떡 병 糕 떡 고 啖 삼킬 담 飽 배부를 포 錢 동전 전
- 晨 새벽 신 : 해가 나오고 별이 들어가므로 새벽이다

市間賣藥肆에 惟有肥兒丸하고 未有壯親者하니 何故兩般看고 兒亦病親亦病에 醫兒不比醫親症이라 割股라도 還是親的肉이니 勸君亟保雙親命하라

- 兩般看 : 두 가지로 보는가
- 亟保 : 빨리 보전함
- 賣 팔 매 肆 가게 사 肥 살찔 비 般 일반 반 症 미워할 증 股 다리 고 還 도로 환 劇 심할 극 雙 쌍 쌍
- 藥 약약 : 草 + 樂 (약을 먹으면 병이 나아 즐거워 진다)
- 割 가를 할 : 害 + 刂
- 八反歌八首 (팔반가팔수)

富貴엔 養親易로되 親常有未安하고 貧賤엔 養兒難하되 兒不受饑寒이라 一條心兩條路에 爲兒終不如爲父라 勸君養親은 如養兒하고 凡事를 莫推家不富하라

- 賤 천할 천 貧賤 貴賤 賤視 賤民

- 饑 주릴 기 饑饉 飢餓
- 條 가지 조 條目 條項

養親엔 只有二人이로되 常與兄弟爭하고 養兒엔 雖十人이나 君皆獨自任이라 兒飽煖親常問하되 父母饑寒不在心이라 勸君養親을 須竭力하라 當初衣食이 被君侵이니라

- 被君侵 : 그대에게 빼앗겼음
- 雖 비록 수 獨 홀로 독 孤獨 獨立 獨身 獨子
- 飽 배부를 포 飽滿感 飽食
- 煖 따뜻할 난 ≒ 暖(따뜻할 난) 煖房 暖房
- 饑 주릴 기 饑餓 ≒ 飢(주릴 기)
- 竭 다할 갈 被 입을 피 侵 침략할 침
- 煖 따뜻할 난 : 火 + 爰 ※暖 따뜻할 난
- 飽 배부를 포 : 食 + 包(쌀 포) ※胞세포포 砲대포포
- 被 입을 피 : 衣 + 皮(가죽 피) ※彼저피 疲피곤할피

親有十分慈하되 君不念其恩하고 兒有一分孝하되 君就揚其名이라 待親暗待兒明하니 誰識高堂養子心고 勸君莫信兒曹孝하라 兒曹親子在君身이니라

- 十分慈 : 충분한 사랑
- 慈 사랑 자 就 나아갈 취 揚 드날릴 양 誰 누구 수 識 알 식
- 揚 드날릴 양 : 手 +昜(볕양의 古字) ※陽볕양 楊버들양

: 孝行篇(속) 신라시대 손순의 효도

孫順이 家貧하여 與其妻로 傭作人家以養母할새 有兒每奪母食이라. 順이 謂妻 曰 兒奪母食하니 兒는 可得이어니와 母難再求라하고 乃負兒往歸醉山北郊하여 欲埋掘地러니 忽有甚奇石鍾이어늘 驚怪試撞之하나니 春

容可愛라 妻曰 得此奇物은 殆兒之福이라 埋之不可라하니 順이 以爲然하여 將兒與鍾還家하여 懸於樑撞之러니 王이 聞鍾聲이 清遠異常而覈聞其實하고 曰 昔에 郭巨 埋子엔 天賜金釜러니 今孫順이 埋兒엔 地出石鍾하니 前後符同이라하고 賜家一區하고 歲給米五十石하니라.

- 家一區 : 집 한 채
- 傭 품팔 용 雇傭
- 奪 빼앗을 탈 掠奪 奪取
- 掘 팔 굴 發掘 掘鑿 盜掘
- 鍾 쇠북 종 打鐘 石鐘 鐘閣 鐘乳石
- 驚 놀랄 경 驚異 驚歎 驚氣
- 怪 괴이할 괴 怪異 奇怪 怪狀
- 試 시험 시 撞 칠 당 撞球
- 舂 종용할 용 殆 위태로울 태
- 懸 달 현 懸賞金
- 樑 들보 량 梁上君子 上樑 棟梁
- 聲 소리 성 覈 핵실 핵 郭 성 곽 賜 줄 사 釜 가마솥 부 符 병부 부

23 孝行篇(속)

尙德이 値年荒癘疫하여 父母飢病瀕死라 尙德이 日夜不解衣하고 盡誠安慰하되 無以爲養則刲髀肉食之하고 母發癰에 吮之卽癒라 王이 嘉之하여 賜賚甚厚하고 命旌其門하고 立石紀事하니라.

- 値年荒 : 흉년을 당함
- 値 값 치 荒 거칠 황 荒涼 荒野
- 癘 염병 려 疫 염병 역 飢 주릴 기 瀕 물가 빈. 임박할 빈 慰 위로할 위 刲

벨 규 髀 넓적다리 비 癰 종기 옹 吮 빨 연 癒 병나을 유 嘉 가상할 가 賚 줄 뢰 旌 기 정

- 孝行篇(속)

都氏가 家貧至孝라 賣炭買肉하여 無闕母饌이러라 一日은 於市에 晩而忙歸러니 鳶忽攫肉이어늘 都가 悲號至家하니 鳶旣投肉於庭이러라 一日은 母病索非時之紅柹어늘 都彷徨柹林하여 不覺日昏이러니 有虎屢遮前路하고 以示乘意라 都乘至百餘里山村하여 訪人家投宿이러니 俄而主人이 饋祭飯而有紅柹라 都 喜問喜問柹之來歷하고 且述己意한데 答曰 亡父嗜柹故로 每秋擇柹二百個하여 藏諸窟中而至此五月則完者不過七八이라 今得五十個完者故로 心異之러니 是天感君孝라하고 遺以二十顆어늘 都 謝出門外하니 虎尙俟伏이라 乘至家하니 曉鷄喔喔이러니 後에 母以天命으로 終에 都 有血淚러라

- 攫肉 : 고기를 채감
- 悲號 : 슬피 울음
- 炭 숯 탄 闕 대궐 궐 饌 반찬 찬 鳶 솔개 연 攫 움킬 확 號 부를 호 索 찾을 색 柹 감 시 屢 여러 루 遮 가릴 차 餘 남을 여 訪 찾을 방 俄 잠시 아 饋 공궤할 궤 述 지을 술 嗜 즐길 기 個 낱 개 藏 감출 장 窟 구멍 굴 顆 덩어리 과 謝 사례할 사 曉 새벽 효 鷄 닭 계 喔 새소리 악 淚 눈물 루
- 柹감시 : 木(나무목)뜻+ 市(저자시)

24. 염의편(廉義篇)

印觀이 賣綿於市할새 有署調者以穀買之而還이러니 有鳶이 攫其綿하여 墮印觀家어늘 印觀이 歸于署調曰 鳶墮汝綿於吾家라 故로 還汝하노라 署調曰 鳶이 攫綿與汝는 天也니라 吾何爲受리오 印觀曰 然則還汝穀하리라 署調曰 吾與汝者 市二日이니 穀已屬汝矣니라 二人이 相讓이라가 幷棄於市하니 掌市官이 以聞王하여 竝賜爵하니라

- 印觀 : 신라 때의 사람이라 전해짐
- 綿 솜 면 穀 곡식 곡 鳶 솔개 연 攫 움킬 확 署 관청 서 屬 붙일 속 讓 사양할 양 幷 아우를 병 棄 버릴 기 掌 손바닥 장 爵 벼슬 작
- 穀 곡식 곡 ※곡식 禾을 殳두들겨 팬다(곡식을 편다)

洪耆燮이 少貧甚無料러니 一日早에 婢兒踊躍獻七兩錢曰 此在鼎中하니 米可數石이요 柴可數駄니 天賜天賜니다 公이 驚曰 是何金고 卽書失金人推去等字하여 付之門楣而待러니 俄而姓劉者 來問書意어늘 公이 悉言之한데 劉 曰 理無失金於人之鼎內하니 果天賜也니라 盍取之니잇고 公이 曰 非吾物에 何오 劉 俯伏曰 小的이 昨夜에 爲竊鼎來라가 還憐家勢蕭條而施之니 今感公之廉价하고 良心自發하여 誓不更盜하고 願欲常侍하오니 勿慮取之하소서 公이 卽還金曰 汝之爲良則善矣나 金不可取라하고 終不受러라 後에 公이 爲判書하고 其子在龍이 爲憲宗國舅하며 劉亦見信하여 身家大昌하니라

- 洪耆燮 : 이조 말기 사람으로 판서를 지냈으며 청렴하기로 이름이 높음
- 婢兒 : 어린 계집종

- 踊躍 : 좋아서 날뜀
- 悉言之 : 사실대로 말함
- 家勢蕭條 : 집안 형세가 쓸쓸함
- 廉价 : 청렴하고 마음이 큼
- 願欲常侍 : 항상 모시고자 원함
- 洪 큰물 홍 婢 계집종 비 踊 뛸 용 舞踊
- 躍 뛸 약 躍進 跳躍
- 獻 드릴 헌 獻金 獻花 獻身 貢獻
- 鼎 솥 정 柴 섶 시 馱 바리 태(짐타) 驚 놀랄 경 楣 문지방 미 劉 성 류 悉다 실
- 盍 어찌아니할 합 俯 숙일 부 竊 훔칠 절 竊(窃)盜
- 憐 불쌍히여길 련 憐憫
- 勢 형세 세 形勢 氣勢 權勢 勢道
- 蕭 쓸쓸할 소 感 느낄 감 廉 청렴 렴 誓맹세할 서 慮 생각 려 憲 드릴 헌 舅 장인 구
- 염의편 (廉義篇)

高句麗平原王之女 幼時에 好啼러니 王이 戲曰 以女로 將歸于愚溫達하리라 及長에 欲下嫁于上部高氏한테 女 以王不可食言으로 固辭하고 終爲溫達之妻하다 蓋溫達이 家貧하여 行乞養母러니 時人이 目爲愚溫達也러라 一日은 溫達이 自山中으로 負楡皮而來하니 王女訪見曰 吾乃子之匹也라하고 乃賣首飾而買田宅器物하여 頗富하고 多養馬以資溫達하여 終爲顯榮하니라

- 高句麗平原王 : 고구려 12대 임금
- 戲曰 : 장난으로 말함
- 將歸于愚溫達 : 바보 온달에게 시집 보냄
- 及長 : 성장함에 이르러
- 上部高氏 : 당시의 귀족
- 以王不可食言 : 왕으로서 거짓말하는 것은 옳지 않음

- 吾乃子之匹 : 나는 곧 그대의 배필
- 首飾 : 머리의 장식
- 頗富 : 몹시 부자가 됨
- 資溫達 : 온달을 도움
- 麗 고울 려 啼 울 제 戱 희롱 희 嫁 시집갈 가 辭 사양할 사 楡 느릅나무 유 訪 찾을 방 賣 팔 매 飾 꾸밀 식 頗 자못 파 資 도울 자 顯 나타날 현

25 권학편 (勸學篇)

朱子 曰 勿謂今日不學而有來日하며 勿謂今年不學而來年하라 日月逝矣라 歲不我延이니 嗚呼老矣라 是誰之愆고

- 謂 이를 위 逝 갈 서 愆 허물 건

少年易老하고 學難成하니 一寸光陰이라도 不可輕이라 未覺池塘에 春草夢하여 階前梧葉이 已秋聲이라

- 池塘 : 연못
- 覺 깨달을 각 池 못 지 塘 못 당 夢 꿈 몽 階 섬돌 계
- 葉 잎 엽 : 草(풀 초)뜻+世(세상 세)+木

陶淵明詩에 云 盛年은 不重來하고 一日은 難再晨이니 及時 當勉勵어다 歲月이 不待人이니라

- 陶淵明 : 동진의 시인
- 盛年 : 젊은 나이
- 不重來 : 거듭오지 않음
- 難再晨 : 새벽은 두 번 오지 않음

- 及時 : 때가 이름
- 歲月이 不待人 : 세월이 사람을 기다려주지 않음
- 陶 질그릇 도 淵 못 연 詩 글 시 盛 성할 성 晨 새벽 신 勉 힘 쓸 면 勵 힘 쓸 려 歲 해 세

荀子 曰 不積跬步면 無以至千里요 不積小流면 無以成江河니라

- 不積 : 쌓이지 않음
- 跬步 : 반걸음
- 無以至 : 이르지 못함
- 小流 : 작은 흐름
- 江河 : 큰 강
- 荀 풀 순 積 쌓을 적 跬 반걸음 규

제6장

簡體字

第六章

簡體字

가	價	价	감	監	监	개	蓋	盖	개	開	开	개	愾	忾	거	擧	举
격	擊	击	견	堅	坚	경	頸	颈	경	驚	惊	경	徑	径	계	鷄	鸡
고	顧	顾	과	過	过	관	觀	观	괴	壞	坏	구	謳	讴	구	溝	沟
구	鉤	钩	국	國	国	군	軍	军	궁	窮	穷	궤	櫃	柜	궤	詭	诡
극	極	极	극	劇	剧	근	僅	仅	기	棄	弃	기	豈	岂	기	幾	几
기	飢	饥	기	機	机	기	氣	气	당	當	当	도	導	导	도	圖	图
독	櫝	椟	동	東	东	동	動	动	라	羅	罗	락	樂	乐	란	蘭	兰

려	驢	驴	련	憐	怜	례	禮	礼	로	顱	颅	록	錄	录	론	論	论
륜	倫	伦	린	鄰	邻	망	網	网	매	買	买	매	賣	卖	매	罵	骂
무	無	无	무	務	务	문	聞	闻	멸	滅	灭	발	發	发	발	髮	发
방	龐	庞	범	範	范	병	幷	并	보	寶	宝	부	婦	妇	부	復	复
부	鮒	鲋	부	膚	肤	부	鈇	鈇	부	蝜	蝜	비	備	备	사	辭	辞
사	詞	词	상	嘗	尝	선	蟬	蝉	섭	葉	叶	세	歲	岁	소	銷	销
속	屬	属	손	損	损	쇄	鎖	锁	수	獸	兽	수	樹	树	수	雖	虽
습	襲	袭	승	勝	胜	시	時	时	식	飾	饰	실	實	实	애	愛	爱
약	鑰	钥	약	藥	药	양	養	养	양	陽	阳	여	餘	馀	여	與	与
오	吳	吴	오	惡	恶	우	憂	忧	운	雲	云	울	鬱	郁	원	遠	远
원	園	园	원	願	愿	위	爲	为	위	違	违	유	猶	犹	은	隱	隐
은	憖	慭	음	飮	饮	음	陰	阴	응	應	应	의	義	义	의	議	议

의	醫	医	이	異	异	이	爾	尔	잡	雜	杂	장	長	长	장	將	将
장	莊	庄	장	腸	肠	재	載	载	적	適	适	적	積	积	적	賊	贼
전	傳	传	전	餞	饯	절	節	节	절	竊	窃	정	鄭	郑	제	齊	齐
종	種	种	주	晝	昼	주	廚	厨	직	織	织	진	進	进	진	盡	尽
질	質	质	주	廚	厨	주	晝	昼	차	車	车	착	鑿	凿	참	慚	惭
창	倉	仓	처	處	处	척	擲	掷	천	遷	迁	철	轍	辙	첩	輒	辄
청	聽	听	청	廳	厅	추	墜	坠	추	趨	趋	추	醜	丑	침	鍼	针
타	墮	堕	탈	奪	夺	탕	蕩	荡	태	態	态	투	鬪	斗	파	罷	罢
포	飽	饱	하	蝦	虾	해	駭	骇	향	鄉	乡	향	響	响	향	嚮	向
헌	獻	献	험	驗	验	현	顯	显	현	懸	悬	화	禍	祸	환	還	还
회	懷	怀	획	獲	获	효	梟	枭	희	戲	戏						

簡體字의 제작원리

원리	예 시
俗字借用	國(国) 頭(头) 權(权) 鄭(郑) 辦(办) 喪(丧) 壽(寿) 廟(庙)
옛글자 차용	萬(万) 衆(众) 異(异) 禮(礼) 靈(灵) 樸(朴) 老(老) 后(後)
草書體 차용	書(书) 爲(为) 發(发) 樂(乐) 長(长) 計(计) 應(应) 興(兴)
同音字 차용	裏(里) 幹(乾) 優(优) 醜(丑) 竊(窃) 藥(药) 豈(岂) 達(达)
會意원리	陰(阴) 陽(阳) 淚(泪) 塵(尘) 筆(笔) 隊(队) 慶(庆) 傷(伤)
形聲원리	機(机) 遠(远) 燈(灯) 郵(邮) 態(态) 達(达) 華(华) 蔔(卜)
단순화 원리	難(难) 對(对) 齒(齿) 轟(轰) 堯(尧) 權(权) 廣(广) 蘭(兰)
부분화 원리	開(开) 飛(飞) 從(从) 鄕(乡) 麗(丽) 殺(杀) 聲(声) 術(术)